PPP项目风险管理
新框架和几个关键问题研究

陈　传　蒋位玲　刘　黎
张斓芊　包烽余　/著

项目策划：许　奕
责任编辑：蒋姗姗
责任校对：廖庆杨
封面设计：墨创文化
责任印制：王　炜

图书在版编目（CIP）数据

PPP 项目风险管理新框架和几个关键问题研究 / 陈传等著． — 成都：四川大学出版社，2021.4
ISBN 978-7-5690-3297-0

Ⅰ．①P… Ⅱ．①陈… Ⅲ．①政府投资－合作－社会资本－风险管理－研究－中国 Ⅳ．①F832.48 ②F124.7

中国版本图书馆 CIP 数据核字（2021）第 068160 号

书　名	PPP 项目风险管理新框架和几个关键问题研究 PPP XIANGMU FENGXIAN GUANLI XIN KUANGJIA HE JIGE GUANJIAN WENTI YANJIU
著　者	陈　传　蒋位玲　刘　黎　张斓芊　包烽余
出　版	四川大学出版社
地　址	成都市一环路南一段 24 号（610065）
发　行	四川大学出版社
书　号	ISBN 978-7-5690-3297-0
印前制作	四川胜翔数码印务设计有限公司
印　刷	四川盛图彩色印刷有限公司
成品尺寸	170mm×240mm
印　张	12.75
字　数	262 千字
版　次	2021 年 4 月第 1 版
印　次	2021 年 4 月第 1 次印刷
定　价	65.00 元

◆ 版权所有 ◆ 侵权必究 ◆

◆ 读者邮购本书，请与本社发行科联系。
　电话：(028)85408408/(028)85401670/
　(028)86408023　邮政编码：610065
◆ 本社图书如有印装质量问题，请寄回出版社调换。
◆ 网址：http://press.scu.edu.cn

四川大学出版社
微信公众号

前　言

政府与社会资本合作（Public Private Partnership，PPP）模式已成为全球基础设施与公共事业项目实施的主要方式之一。2014年，我国开始在基础设施领域大规模推行PPP模式，我国PPP项目在近几年由此呈现出爆发式增长，从2014年的492个项目和8835亿元投资额增长到2020年的13223个项目和190692亿元投资额，涵盖19个行业领域，遍及全国。而随着PPP项目规模的快速增长，PPP项目风险问题日益凸显，不少项目出现了因风险管理不当而造成参与各方收益受损甚至项目失败的情况。

在这些风险问题中，基于PPP项目多阶段、长运营期、多主体参与、复杂的交易结构等特征，有三个问题尤为关键：一是风险回流，风险回流是当前PPP项目合作各方的重大挑战，其破坏了PPP模式的物有所值，甚至可能导致项目失败；二是PPP项目进入移交阶段存在适应性和安全性问题，可能会带来混乱的、高成本的移交过程以及造成破坏资产价值的后果；三是长达20~30年的项目合作期使得PPP项目的投资决策十分重要，如何在有限的时间内做出有质量的投资决策，以免投资失误造成不可逆转的损失，对社会资本投资人来说尤其重要。

纵观近年来PPP项目风险管理的相关研究，笔者发现，不少研究将风险管理限定为静态风险管理，忽略了时间推移带来的影响。事实上，项目风险不是一成不变的，会随着项目内外环境因素等改变而产生差异，一旦有新的冲突发生，原有的风险评估、分配、应对措施将不再适用。因而，合理完善的PPP项目风险管理模式对我国PPP市场以及基础设施领域高质量发展具有重要的现实意义。为此，本书将结合PPP相关研究与国内PPP项目风险管理、风险回流、移交、投资决策等实践经验以及项目特点，对PPP项目风险管理新框架构建进行研究，并在动态风险管理框架下，就PPP项目风险管理中的三大关键问题进行探究，给出应对风险回流的风险止逆路径，建立能够有效管理我国PPP项目移交阶段风险的"移交风险管理体系"，构建出更有效的中国PPP项目投资决策模型。

我们希望本书的出版能够起到抛砖引玉的作用，更好地为广大PPP从业者管理PPP项目风险提供参考，化解大家在PPP项目实操过程中的风险管理问题和困惑，为我国社会公共事业进入新阶段提供动力，破除风险管理亟待改善的过程障碍，充分激发市场活力和社会创造力。

本书受到了国家自然科学基金委面上项目（项目编号：71971147；项目名称：中国水务PPP项目风险及绩效导向的移交过程）以及对外经济贸易大学"一带一路PPP发展研究中心"的支持。

由于时间和水平有限，本书可能还存在疏漏和不足之处，敬请各位读者不吝指正。

目 录

1 我国 PPP 模式下的风险管理 …………………………………………… (001)
   1.1 PPP 的定义及发展 …………………………………………… (001)
   1.2 我国 PPP 项目市场概况 ……………………………………… (004)
   1.3 我国 PPP 项目风险管理的挑战 ……………………………… (012)

2 PPP 文献回顾及项目风险 ……………………………………………… (015)
   2.1 PPP 文献回顾 ………………………………………………… (015)
   2.2 PPP 项目风险 ………………………………………………… (021)

3 PPP 模式下的风险管理新框架 ………………………………………… (025)
   3.1 PPP 项目风险管理的传统模式 ……………………………… (026)
   3.2 PPP 项目动态风险管理的理论框架 ………………………… (032)
   3.3 PPP 项目动态风险管理模式下的几个关键问题 …………… (033)

4 PPP 项目 RBS 模式下动态风险分配原型及风险管理 ……………… (038)
   4.1 RBS 模式 ……………………………………………………… (038)
   4.2 RBS 模式下 PPP 项目动态风险分配原型 …………………… (041)
   4.3 RBS 模式下动态风险管理 …………………………………… (052)

5 PPP 项目风险回流及应对 ……………………………………………… (056)
   5.1 PPP 项目风险回流的现状分析 ……………………………… (056)
   5.2 PPP 项目典型风险因素分析 ………………………………… (062)
   5.3 PPP 项目风险回流流程分析 ………………………………… (066)
   5.4 PPP 项目风险回流博弈演化分析 …………………………… (073)
   5.5 PPP 项目风险回流止逆对策 ………………………………… (077)

6 移交风险 (080)
6.1 PPP 项目移交阶段的现状分析 (080)
6.2 建立通用移交过程模型（GTPM）(086)
6.3 建立移交风险管理体系（TRMS）(110)

7 基于风险的 PPP 项目 Go/No-Go 决策 (127)
7.1 研究内容 (127)
7.2 文献回顾 (128)
7.3 投资决策相关理论 (132)
7.4 PPP 项目投资决策现状分析 (134)
7.5 中国 PPP 项目投资决策影响因素 (138)
7.6 中国 PPP 项目投资决策模型构建 (151)
7.7 中国 PPP 项目投资决策案例 (159)

附录 (168)
附录一 PPP 项目风险回流止逆研究问卷调研 (168)
附录二 中国 PPP 项目移交阶段成功要素、成功标准以及风险因素评价调查 (171)
附录三 中国 PPP 项目投资决策调研问卷 (176)

参考文献 (181)

1 我国 PPP 模式下的风险管理

1.1 PPP 的定义及发展

1.1.1 PPP 的定义

政府与社会资本合作（Public Private Partnership，PPP），是一个引自海外的基础设施开发和运营模式。基础设施开发（Infrastructure Development）虽然常见于学术文献和政府文件，特别是多被双边和多边金融机构如世界银行、亚洲开发银行使用，但无严格的定义。区别于房地产开发，在本书中基础设施开发指基础设施的规划、勘察设计、投融资、建设以及初始运营，或者是达到基础设施公共产品可持续提供之前的投融资和建设活动。基础设施开发传统上是政府的职责，但是可以通过授权外部化给私营部门承担。基础设施开发模式众多，有PPP、合作共建、投资+EPC（F+EPC）、土地出让配建、以公共交通为导向的开发（Transit Oriented Development，TOD）、授权－建设－运营（Authorize Build Operate，ABO）等。相比其他基础设施开发模式，PPP 模式下，政府将绝大多数的开发任务转移给私营部门或者是社会资本来承担，而且其承担运营工作的时间非常长，远长于达到"可持续运营"所需。就政府职责的外部化程度和项目的整合程度而言，可以认为 PPP 是发展到极致的基础设施开发和运营模式。

由于不同国家和地区经济发展阶段以及政治文化背景不同，对 PPP 含义的理解也有所不同，出现了以下几种具有代表性的定义。这些定义主要来源于政府部门或国际机构（表 1-1）。

表 1-1 不同机构对 PPP 的定义

国家及机构	PPP 的定义
世界银行	PPP 是政府部门和社会资本之间的一个长期合同，用来提供公共资产和服务。
联合国开发计划署	PPP 是指政府、私人机构形成相互合作关系的形式，同时私营机构提供某些形式的投资。
联合国培训研究院	PPP 包含两层含义：其一是为满足公共产品需要而建立的政府部门和社会资本之间的各种合作关系；其二是为满足公共产品需要，政府部门和社会资本建立伙伴关系实施大型公共项目。
欧盟委员会	PPP 是指政府部门和社会资本之间的一种合作关系，其目的是提供传统上由政府部门提供的公共项目或服务。
英国 PPP 委员会	PPP 是指政府部门和社会资本之间基于共同的期望而建立的一种风险共担政策机制。
美国 PPP 国家委员会	PPP 是一种政府部门和以盈利为目的的社会资本之间的合约安排，二者在资源共享与风险共担的基础上，提供公共服务或公共基础设施。
加拿大 PPP 国家委员会	PPP 是政府部门与社会资本之间的一种合作投资，其建立在充分发挥双方专长的基础上，通过合理分担资源、风险和收益，以最大限度地满足事先明确定义的公共需求。

综合来说，PPP 模式下，政府部门与社会资本（通常是一个联合体）通过建立长期协议来提供公共产品或公共服务，且社会资本需要负责处理项目运行中的重大风险和承担项目管理责任。

我国在 2014 年年底开始推行 PPP 模式，迅速出台了诸多文件，但是早期文件并没有明确给出我国 PPP 模式的定义。例如财政部《关于推广运用政府和社会资本合作模式有关问题的通知》（财金〔2014〕76 号）只是将 PPP 定性为政府部门和社会资本在基础设施及公共服务领域建立的一种长期合作关系，国家发展改革委《关于开展政府和社会资本合作的指导意见》（发改投资〔2014〕2724 号）中则将 PPP 界定为"政府为增强公共产品和服务供给能力、提高供给效率，通过特许经营、购买服务、股权合作等方式，与社会资本建立的利益共享、风险分担及长期合作关系"。这两个文件对于什么是 PPP，并不十分明确。

一直到了 2015 年 5 月，《关于在公共服务领域推广政府和社会资本合作模式的指导意见》（国办发〔2015〕42 号）才给出了一个较为准确的定义："政府和社会资本合作模式是公共服务供给机制的重大创新，即政府采取竞争性方式择优选择具有投资、运营管理能力的社会资本，双方按照平等协商原则订立合同，明确责权利关系，由社会资本提供公共服务，政府依据公共服务绩效评价结果向社会资本支付相应对价，保证社会资本获得合理收益。"

从国办发〔2015〕42号文件对PPP的定义，可以看出其针对PPP的理念和原则明确了以下几点，以供各方在PPP核心价值观方面达成共识：

(1) PPP是供给侧改革的重要内容。
(2) 社会资本不可以直接委托。
(3) 选择社会资本首重投资和运营管理能力，而不是建设能力。
(4) 政府和社会资本法律地位平等，强调契约理念。
(5) PPP适用于公共服务领域，而非商业领域。
(6) 绩效考核是PPP的重要内容。
(7) 要确保社会资本获得合理收益。

1.1.2 PPP的发展

PPP的起源难以考证，众说纷纭，或称来自土耳其，或称起源于英国，甚至说其雏形可以追溯到维多利亚（工业革命）时代或者古罗马时代。无论如何，PPP被广泛应用于全球基础设施项目的开发中，并体现出其在项目融资方面的强有效性[1]。PPP之所以能够受到持续欢迎，除了能够帮助政府吸引社会资本投资，其还有许多其他方面的优势，比如能够增加公共服务或产品的有效性和效率、减少行政系统的官僚作风影响、保护现有的和未来的纳税人利益等[2]。简而言之，相对于传统的公共采购，PPP能够实现"全寿命周期的成本和质量的最佳组合"[3]，即实现项目的物有所值（VFM）[4]。

在实践中，PPP的类型多种多样。要区分这些类型，世界银行建议考虑三个主要方面：①所涉及的资产，即新建项目（Greenfield Projects）与改建项目（Brownfield Projects）；②私人部门的功能，一般包括设计、建设、融资、运营和维护等；③支付机制，即使用者付费、政府付费或其组合等。通过以不同的方式组合这三个方面，可以设计出不同的PPP项目合同类型，以适应项目的特点以及项目所在地区的独特要求。常见的PPP类型包括Build Operate Transfer（BOT）、Build Transfer Operation（BTO）、Design Build Finance Operation（DBFO）、Transfer Operation Transfer（TOT）、Rehabilitation Operate Transfer（ROT）、Lease or Affermage、O&M等，其中BOT、BTO、DBFO等在新的基础设施项目开发中得到了广泛应用。然而，需要强调的是，并不存在绝对的最佳PPP类型，因为如何构建PPP取决于国家、部门和项目的独特条件[5]。

大量研究表明，PPP已经成为全球公共事业最重要的趋势[6]。英国早在1992年就启动了"Private Finance Initiative（PFI）"计划，并于2012年将其升级为"Private Finance 2（PF2）"。截至2016年3月31日，通过这两项计划开发的 PPP 项目已达到 716 个，资本价值近 600 亿英镑[7]。同样，在澳大利亚，仅维多利亚州在过去的 20 年里就已经建立了涉及道路、医院、学校、监狱和水务行业的 29 个 PPP 项目，累计投资超过 156 亿美元[8]。然而，PPP 更大的运用市场并不在发达国家。根据世界银行的数据，139 个中低收入国家的基础设施 PPP 项目数总计 5800 个，总投资达到 14298.69 亿美元（统计时间为 1990 年 1 月至 2017 年 7 月）[9]。但是，在这些发展中国家和欠发达地区，仍有数十亿人无法获得清洁的水、充足的电力和耐风雨的道路。为解决这些重要问题，一些多边开发银行、私人投资者和政府部门通力合作，于 2014 年共同成立了 Global Infrastructure Facility（GIF）组织。该组织旨在成为一个开放的平台，为复杂的国际基础设施 PPP 项目提供综合资源。因此，鉴于世界范围内对基础设施的迫切的、巨大的需求，在国际社会的共同努力下，PPP 项目数量无疑还将随时间推移不断增加。

　　PPP 在中国的发展也有一定的历史。早在 20 世纪 80 年代，我国开始探索采用 BOT（通常认为这是 PPP 的一种形式）。1994 年分税制改革后，我国对诸多行业进行了 BOT 试点，包括电力、自来水、污水、燃气、桥梁等。1998 年，金融危机的发生使我国的 PPP 项目受到一定影响，出现了短暂性的低谷。2003 年，党的十六届三中全会提出："让民营资本进入公共领域。"此后，政府出台了一系列的政策措施支持这一模式的发展，我国的 PPP 发展又迎来了新的高潮。2008 年年底我国推出了四万亿刺激计划，银行开始无条件提供贷款，PPP 受到了严重的冲击，但该计划无法持续性地解决问题，政府又重新开始重视社会资本投资。2013 年 11 月，中共十八届三中全会决定允许社会资本通过特许经营等方式参与基础设施投资和运营。2014 年以来，随着各个部门 PPP 相关政策的密集颁布，PPP 迎来了新一轮热潮。无论从投资规模还是数量来看，都取得了显著的成效。

1.2　我国 PPP 项目市场概况

1.2.1　历年 PPP 项目变化趋势

　　截至 2020 年 11 月 30 日，按财政部库内项目发起时间统计[10]，已发起项目累计 13223 个，累计投资额为 190692.37 亿元。财政部全国 PPP 综合信息平台收录 PPP 项目共计 13228 个，项目投资额达 190789.83 亿元，其中管理库项目 9820 个，涉及项目投资额 151221.91 亿元，储备库项目 3408 个，涉及项目投资额 39567.92 亿元。

从图 1-1 可以看出，2014 年至 2017 年累计项目数量增速较快且逐年递增，其中 2015 年累计项目数量破千，2017 年累计项目数量破万，自 2017 年开始增速逐渐放缓。从项目累计投资额来看，整体变化趋势与累计数量一致。

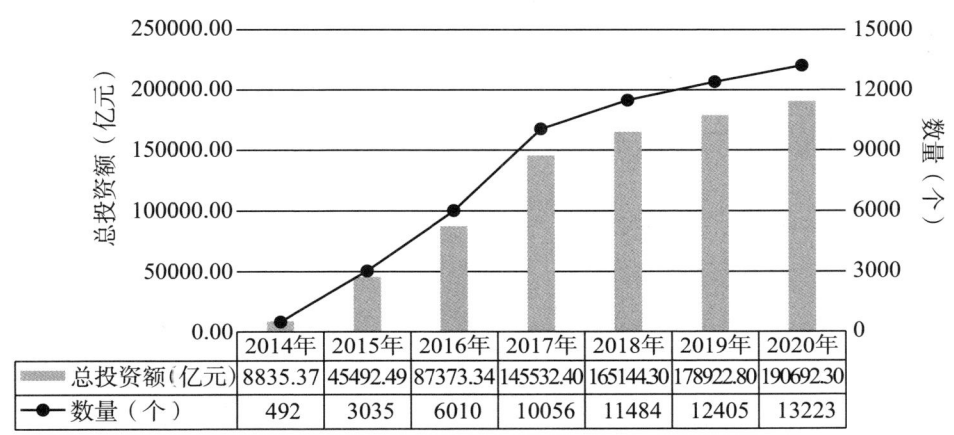

图 1-1 2014—2020 年我国 PPP 项目变化趋势

（数据来源：财政部政府和社会资本合作中心）

1.2.2 PPP 项目基本情况

1.2.2.1 PPP 项目各阶段情况

截至 2020 年 11 月 30 日，如图 1-2 所示：全国财政部 PPP 项目中进入执行阶段的项目有 5892 个，占比最高，达到 52.10%；进入准备阶段的项目次之，数量为 4381 个，占比为 33.12%；进入采购阶段的项目有 1955 个，占比最小，仅有 14.78%。

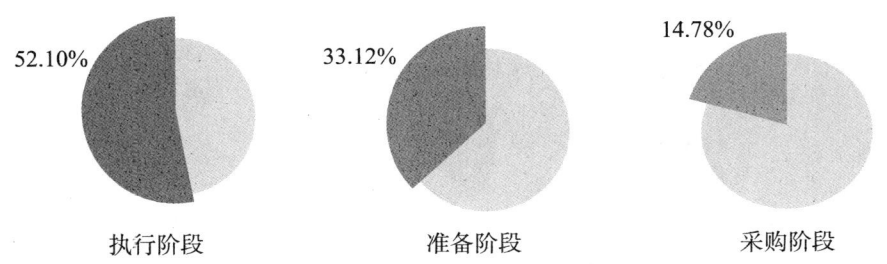

图 1-2 我国 PPP 项目各阶段占比

（数据来源：财政部政府和社会资本合作中心）

1.2.2.2 PPP 项目投资区间分布情况

截至 2020 年 11 月 30 日，根据财政部 PPP 中心数据库，我国 PPP 项目的投资额区间分布如图 1-3 所示。总体上看，小体量（投资额在 3 亿元以内）、中等体量（投资额在 3 亿～10 亿元区间内）与大体量项目（投资额在 10 亿元以上）的数量分布较为均衡，占比均高于 30%。其中，中等体量项目数量最多，占比为 36.77%，其次为小体量项目，占比为 32.38%，大体量项目占比为 30.85%。投资额在 20 亿～30 亿元区间内的项目数量最少，占比仅为 5.59%。

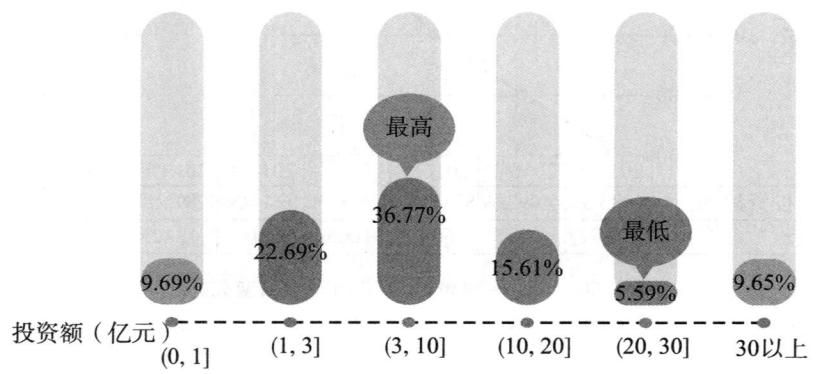

图 1-3 我国 PPP 项目投资额区间分布

（数据来源：财政部政府和社会资本合作中心）

1.2.2.3 PPP 项目回报机制分布

图 1-4 展示了我国 PPP 项目的回报机制分布情况。截至 2020 年 11 月 30 日，全国财政部 PPP 项目中采用可行性缺口补助作为回报机制的项目有 7184 个，占比高达 54.31%，排在首位；采用政府付费的项目有 4387 个，占比为 33.16%，排名第二；采用使用者付费的项目数量最少，共 1657 个，占比为 12.53%。

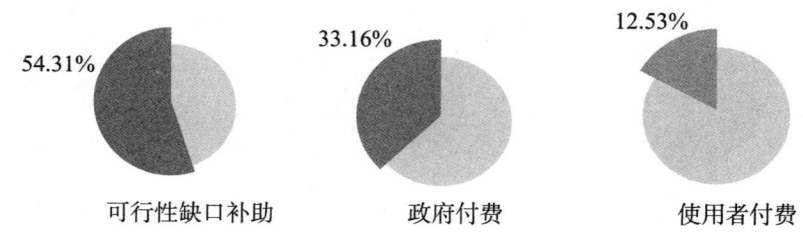

图 1-4 我国 PPP 项目回报机制分布

（数据来源：财政部政府和社会资本合作中心）

1 我国 PPP 模式下的风险管理

1.2.2.4 PPP 项目运作模式

图 1-5 展示了截至 2020 年 11 月 30 日我国 PPP 项目各个运作模式的占比情况。从图中可以看出，采用 BOT 模式的项目有 10332 个，占比为 78.11%，成为首选；紧随其后的是采用其他模式的项目，数量为 1207 个，占比为 9.12%；采用 TOT 模式和 TOT+BOT 模式的项目分别排在第三位和第四位，占比较为接近，分别为 3.85% 和 3.52%；其余的运作模式项目数量占比较小，均在 3% 以下。

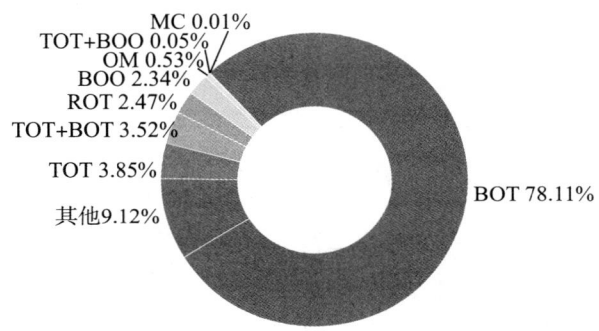

图 1-5　我国 PPP 项目各运作模式占比情况

（数据来源：财政部政府和社会资本合作中心）

1.2.2.5 PPP 项目采购方式分布

图 1-6 呈现了我国 PPP 项目各采购方式的分布情况。截至 2020 年 11 月 30 日，我国公开采购方式的 PPP 项目共计 12971 个。其中，公开招标为最主要的采购方式，涉及项目 9563 个，占比高达 73.73%；采用竞争性磋商的项目有 1755 个，占比为 13.53%，排在第二；竞争性谈判、邀请招标、单一来源采购分别排在第三、四、五位，占比分别为 6.07%、5.51% 和 1.16%。

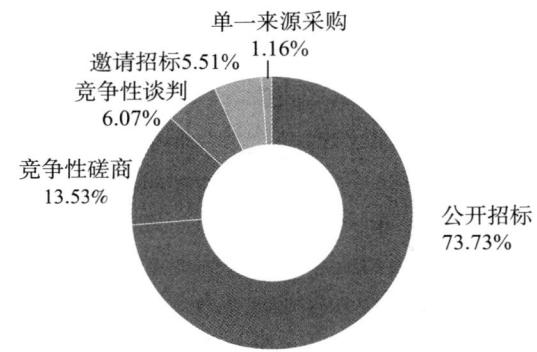

图 1-6　我国 PPP 项目各采购方式分布

（数据来源：财政部政府和社会资本合作中心）

1.2.2.6 我国PPP项目合作年限分布情况

截至2020年11月30日,我国PPP项目合作年限区间分布如图1-7所示。总体来看,项目的合作年限基本集中在10~40年,近半成的项目合作年限在10~20年区间内,数量最多,其次为合作年限在20~30年区间内的项目,占比为28.43%,合作年限在10年以下与40年以上的项目占比均不足1%。

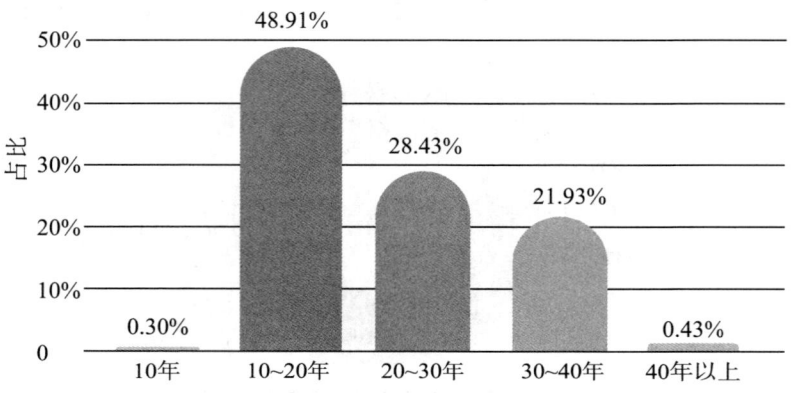

图1-7 我国PPP项目合作年限分布情况

(数据来源:财政部政府和社会资本合作中心)

1.2.2.7 我国PPP项目落地率情况

截至2020年11月30日,我国PPP项目落地率情况如图1-8所示。全国PPP项目库累计落地率为56.69%,管理库PPP项目落地率为76.33%。总体而言,项目库和管理库落地率增长趋势相同,2014—2018年项目落地率增长较快,自2018年起,增速逐年放缓。

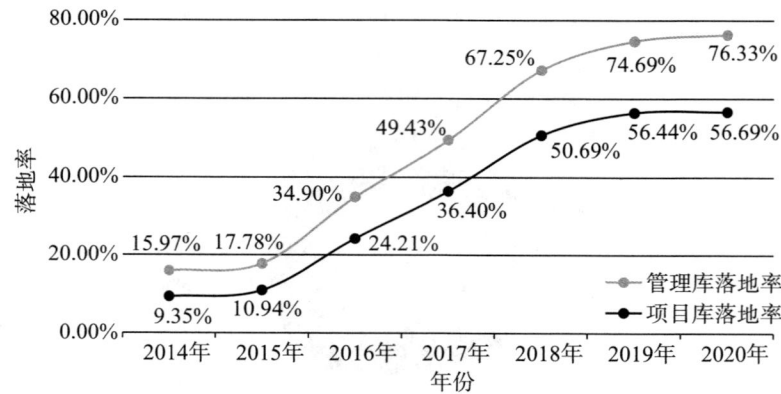

图1-8 2014—2020年我国PPP项目落地率情况

(数据来源:财政部政府和社会资本合作中心)

1.2.3 PPP 项目地域分布特点

财政部 PPP 中心数据库显示，截至 2020 年 11 月 30 日，我国的 PPP 项目主要集中在东部沿海地区和中西部地区。具体来看，PPP 项目投资额排名前五的依次为贵州省（18247.63 亿元）、四川省（15047.76 亿元）、河南省（13903.99 亿元）、云南省（13470.18 亿元）和浙江省（12389.35 亿元），投资额排名末位的地区为西藏自治区（38.43 亿元）。从数量来看，PPP 项目数量排名前三的依次为贵州省（1258 个）、河南省（1144 个）、山东省（1042 个），其余地区项目数量均不超过四位数，全国 PPP 项目数量最少的为西藏自治区（4 个）。

总的来说，PPP 项目已经遍布全国，而 PPP 项目风险可能发生于项目全生命周期中任一时期，若没有对风险进行有效的管理，将会影响到整个项目的顺利开展。

1.2.4 PPP 项目行业分布特点

截至 2020 年 11 月 30 日，我国 PPP 项目共涉及 19 个行业，详见表 1-2。从投资额来看，交通运输和市政工程两大行业旗鼓相当，其中交通运输行业投资规模全国第一，高达 62909.75 亿元，市政工程行业紧随其后为 52017.99 亿元，还有城镇综合开发、生态建设和环境保护行业的项目投资规模均超万亿元。全国仅有能源和社会保障行业投资规模不到千亿元，其中社会保障行业项目投资规模最小，仅 226.71 亿元。

从数量来看，市政工程行业 PPP 项目数量遥遥领先（5100 个），其次为交通运输（1794 个）、生态建设和环境保护（1185 个），三者项目数量合计占比达 61.08%。其余行业的项目数量均不超过四位数，其中社会保障行业项目数量最少（65 个）。

总的来看，交通运输、市政工程以及城镇综合开发是我国 PPP 项目发展的重点领域，而养老、能源和社会保障行业的 PPP 项目发展较为滞后。

表 1-2 我国 PPP 项目行业分布概况

行业	个数	总投资额（亿元）
交通运输	1794	62909.75
市政工程	5100	52017.99
城镇综合开发	834	23758.59

续表1-2

行业	个数	总投资额（亿元）
生态建设和环境保护	1185	12656.29
旅游	604	7164.00
水利建设	594	5313.11
保障性安居工程	260	3910.62
教育	615	3463.18
其他	224	3091.28
文化	319	2835.91
政府基础设施	274	2586.17
林业	169	2506.51
医疗卫生	375	2486.54
体育	177	1680.79
农业	123	1142.10
科技	167	1092.70
养老	173	1025.13
能源	176	922.46
社会保障	65	226.71
总计	13228	190789.83

（数据来源：财政部政府和社会资本合作中心）

1.2.5　PPP项目的主要问题

1.2.5.1　PPP项目退库

截至2020年11月30日，全国财政部管理库PPP项目共计9820个，涉及投资额达151221.91亿元。

自从2014年我国大面积推广PPP项目以来，我国PPP项目呈现了爆发式增长，随之而来的却是越来越多的PPP项目规范操作出现问题。在这种情况下，财政部开始出台一系列规范PPP项目操作的文件，清退了不少违规PPP项目，这种情况在2018年尤为严重，达到了2557个项目，占近三年退库项目数量的69.11%。在2018年之后管理库退库项目数量呈逐年递减的趋势，2019年、2020年分别为648个、495个。

PPP 项目的退库无论对当地政府还是投资人而言都有不小的影响,而如果在项目前期介入时就开始进行规范的 PPP 项目风险管理,则可在较大程度上降低项目退库风险。

1.2.5.2 项目融资难

截至 2020 年 11 月 30 日,我国 PPP 项目的融资到位率累计为 15.65%,历年融资到位情况如图 1-9 所示。PPP 项目的融资到位率自 2015 年起呈上升趋势,于 2018 年达到峰值 6.06%,而后逐年下降,在 2020 年降到谷值 0.67%。

总的来看,我国 PPP 项目融资到位率极低,融资风险成为我国 PPP 项目推行中的老难题。

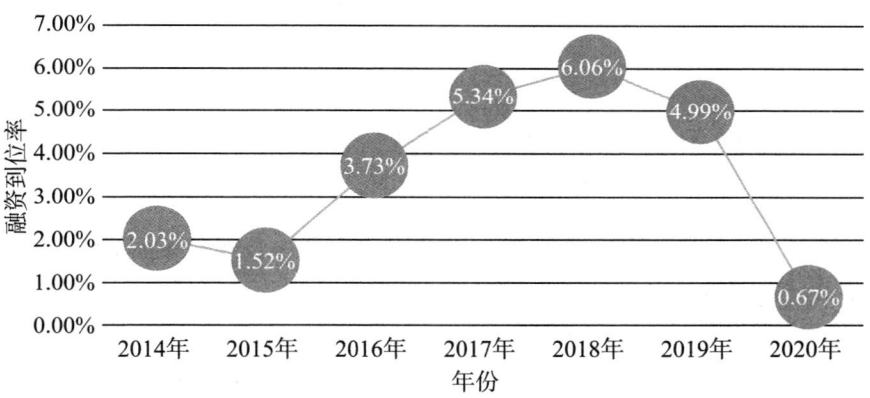

图 1-9 2014—2020 年我国 PPP 项目融资到位情况

(数据来源:财政部政府和社会资本合作中心)

1.2.5.3 落地周期长

截至 2020 年 11 月 30 日,我国 PPP 落地项目累计落地周期为 14.62 个月,历年落地周期情况如图 1-10 所示。自 2014 年起,PPP 项目平均落地周期逐年增长,2019 年达到峰值 20.52 个月,此后在 2020 年降为 19.87 个月。

这些数据表明,我国 PPP 项目的平均落地周期逐年增加,反映出我国 PPP 项目落地正在变得艰难。

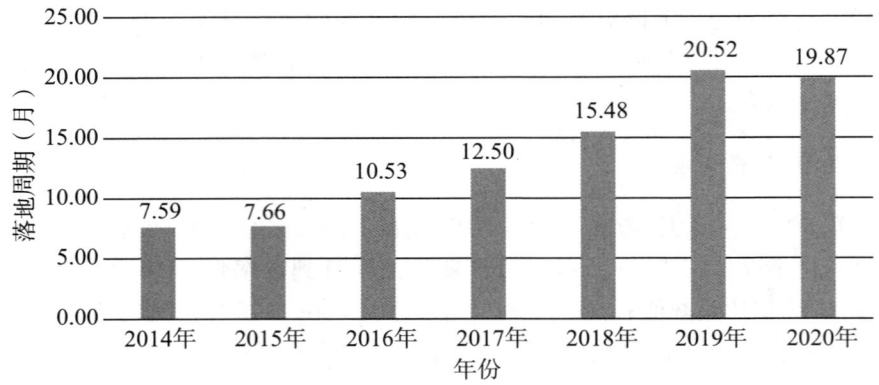

图1-10　2014—2020年我国PPP项目落地周期情况

（数据来源：财政部政府和社会资本合作中心）

1.3　我国PPP项目风险管理的挑战

风险指某一特定不利事件在一定时间内发生或造成挑战的可能[11]。风险本身的不确定性可能给项目带来正面或负面的影响，然而由于项目管理者精力和资源有限，通常会重点关注仅对项目可能产生负面影响的风险因素并做重点研究和应对，这显然是一种保守的方式。

PPP项目往往面对较大风险，这些风险主要来自以下几个方面。

内在的，PPP模式是发展到极致的一种复杂的项目交付安排。从系统论的角度来看，PPP项目具有复杂性。一个PPP项目的生命周期纵跨规划、勘察、融资、设计、采购、建设、交付、运营、再融资、移交等诸多阶段，而每个阶段需要不同的能力和资源，涉及不同的机构和个人，同时要满足不同的外部约束条件。PPP系统从不同的维度，例如阶段、专业、干系人等，细分为若干子系统，并且这些子系统之间有很多的关联。这些子系统之间的界面，其数量与子系统的个数呈指数增长关系，而界面是项目风险的主要来源（Morris，1984）。庞大的界面数量解释了PPP实践在项目层面的巨大风险。

外部的，PPP项目因其复杂的交易结构，必须要有完善的外部法律环境作为支撑。而我国的相关法律体系还处于发展阶段，尚不完善。为了推动PPP模式的应用，不得已只有建立起专门的PPP政策框架。但是政策框架具有一定的多变性，且其"速成"也可能给既有的相关联制度造成冲击，例如土地管理、基本建设程序、公共服务定价、预算管理、税务、审计等。所以中国PPP实践存在较大的宏观层面风险。

去除由 PPP 模式所带来的特有风险，PPP 项目本身所面对的传统风险也不可忽视。PPP 模式仅作为一种融资工具，给地方政府带来了实施大型项目的可能，也迎合了个别地方领导在任期内快速创政绩的意愿。于是借助 PPP 模式，一些大型的、可能超出地方政府执行能力的、不成熟的项目被实施，而且要求"倒排工期""挂图作战"，快速推进，由此加大了项目在经济、政治、技术、环境、安全等方面的风险。

此外，PPP 模式涉及两个平等项目主体：政府与社会资本。这两个主体不是简单的甲乙方关系：甲方将具体工作任务外部化给乙方，双方很大程度上玩的是一个零和游戏。在 PPP 模式下，这两个主体还是合作伙伴关系：伙伴不仅仅体现为一种互利的合同关系，例如"政府要保证社会资本获得合理收益"，还体现为一种良好的工作关系，这是一个非零和游戏。PPP 项目合同是典型的不完全合同，伙伴关系是应对 PPP 项目合同不完全性的一个重要基础。但是这两个主体差异巨大：他们的能力不同、拥有的资源不同、价值观不同、在项目层面的目标不同。但是通过 PPP 这种合作模式，双方求同存异、优势互补，最终要取得双赢的目标（图 1-11）。这是 PPP 模式的挑战所在，也是其魅力所在。在 PPP 模式下，风险管理需要解决一个关键的问题，就是基于伙伴关系的风险分担：政府与社会资本如何确定各自承担或者分担哪些风险才算合理，双方才能彼此成全，成就双赢？

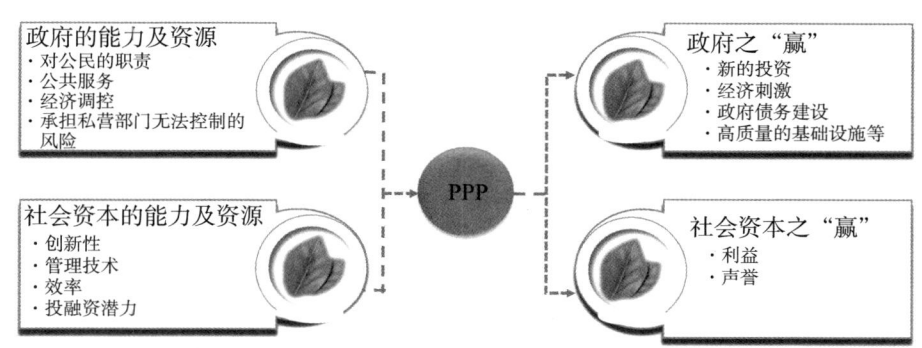

图 1-11　PPP 模式下政府与社会资本的合作伙伴关系

PPP 项目漫长的生命周期和多阶段性质也构成风险管理的特殊挑战。我国 2014 年年底开始推行的这一轮 PPP 项目有一个基本要求，就是必须要有运营。但是对于绝大多数活跃的社会资本（大部分是建设类企业）来说，运营是一个非常陌生的领域，其对运营相关风险也极度缺乏认知。如何才能有效对运营风险进行管理？运营之后的移交环节问题也很大，早期的一些 BOT 项目暴露了很多问题。沿着 PPP 项目生命周期回溯，还有若干阶段，每个阶段的目标都不同，风险因素也不同，风险分配和风险应对自然也不同。更为复杂的是，项目前期的执行情况会导致后期的风险因素发生变化，例如施工质量问题会导致运营成本上升。而这些阶段前后相继，持续10~30年，甚至更长，这就要求其风险管理采取一种动态的方式，随着项目的推进实时动态调整，而不是像传统项目一样在初期进行风险识别、评估，给出风险管理方案，后续在项目执行期间进行监控即可。

我国的PPP项目还有一个很特殊的问题，即相当数量的社会资本是国有企业，而非纯粹的民营资本。当一个PPP项目的社会资本是国有企业的时候，政府与社会资本之间存在除了合同关系之外的其他关系，例如所有权关系、担保关系和其他特殊关系，导致分担给社会资本的风险经由这些PPP主合同之外的途径又回返给了政府承担，即产生风险回流。风险回流可能导致传统的风险分担原则失效，而既有的PPP项目风险管理文献几乎从没有触及这个特殊问题。

PPP项目面对的风险较大，还有不少业界和学界了解不足的风险因素，其管理方式需要考虑到PPP模式伙伴关系的特殊要求和风险回流的存在，有效解决分担问题，并要随PPP项目的推进实时动态调整。此时经典的项目风险管理框架（识别—评估—应对）有所失效，一个能够更有效解决上述PPP项目风险问题的新管理框架变得必要而迫切。

2 PPP 文献回顾及项目风险

2.1 PPP 文献回顾

项目管理研究院将项目生命周期定义为项目从发起到完成的一系列连续阶段。尽管不同的项目生命周期各异，但是有必要对一些共性进行总结以便建立项目管理的基本框架。命名项目生命周期各个阶段以及确定阶段数量取决于多方面因素，比如项目管理体系、建设目的、参与人以及项目特点等。建筑工程项目的生命周期一般可分为可行性研究、设计、施工、运营四个阶段[11]。

基础设施 PPP 项目，如水务项目、发电厂、公路、桥梁和铁路等，通常都是需要持续运营维护的大型项目。由于 PPP 模式的复杂性，许多政府和组织，比如世界银行、亚洲开发银行（ADB）、澳大利亚基础设施和区域发展部（DIRD）以及欧洲投资银行（EIB）等，都编制了开发 PPP 项目的参考指南。通过总结这些常见的指南，可知详细的 PPP 项目生命周期阶段可划分为项目识别、项目准备、竞标、优先投标人阶段、合同签订、设计、建设、运营和移交阶段[12]。EIB[13]建议将竞争、优先投标人阶段和合同签订合并定义为项目采购，将设计、建设、运营和移交阶段合并定义为项目实施实现，这样得到一个更加清晰简洁的四阶段划分法。中国财政部[14]对 PPP 项目生命周期的划分与 EIB 大体类似，不同之处在于将项目移交单独定义为一个阶段，以此来强调政府在项目移交阶段需要承担更多责任，而在其他阶段（即设计、建造和运营），项目主要由项目公司负责[15]。此外，移交后的基础设施还将继续为公众提供产品或服务，可以视作后移交阶段。因此，为方便讨论，本书将 PPP 生命周期分为六个阶段，即项目识别、项目准备、项目采购、项目实施、项目移交和移交后运营。PPP 生命周期的阶段划分是文献综述部分的基础性工作，具体的文献分析讨论将以阶段为单位展开。

图 2-1 总结了各个阶段（类别）所包含的现有 PPP 研究和未来可能的研究方向。文献总共分为 6 类，从左到右分别以 PPP 项目生命周期的前 5 个阶段以

及跨阶段主题命名，每个类别名下数据表示属于该类别的论文数量。现有的研究位于图的上半部分，涵盖了整个 PPP 项目生命周期阶段，但是在每个阶段的分布是不均匀的。未来可能的研究方向位于图的下半部分，其分布也是不均匀的。可以看到，在 5 个阶段中，项目准备阶段包含的论文最多，主要集中于管理结构和 PPP 详细设计两大主题。项目实施阶段涉及的主题类型多样，主要有风险管理、利益相关者管理、实施绩效和应对变化。项目采购阶段的文献主要关注招标过程和投标策略两类问题。项目识别阶段文献讨论的问题有风险分担和项目选择。有相当数量的文献关注跨阶段主题，如应用介绍、成功相关主题、驱动因素和阻碍因素、失败相关主题等。仅仅只有 3 篇文献属于项目移交阶段，涉及的主题有剩余风险和移交后项目评价。相比之下，未来可能的研究方向在每个阶段分布得均匀一些，但项目移交阶段是个例外，这个阶段存在的研究不足明显多于其他阶段。

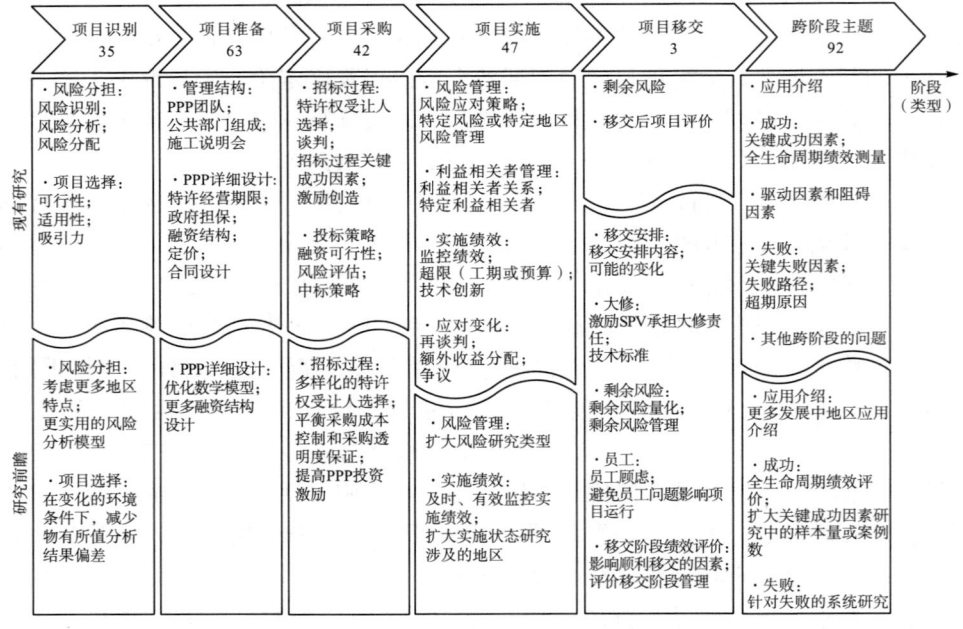

图 2-1 文献分析结果汇总

2.1.1 项目识别阶段

风险源于 PPP 的复杂性，对 PPP 的开发过程有着至关重要的影响。为证明 PPP 模式选择的合理性，项目风险必须被识别、分析和合理分担。实证研究是研究人员探索风险分担偏好最常用的方式，包括问卷调研、案例研究、专家访谈等。例如，Li 等认为，尽管大部分风险应由社会资本承担，但是政府应该对项目国有化和土地征用等风险负责[17]。Ng A 和 Loosemore M 强调为有效管理风险，应当考虑风险承担方应对风险的能力、资源和知识[18]。文献分析结果还表明，不同的行业或地区偏好不同的风险分担方案[19]。因此，在实际 PPP 项目开发过程中，合理分担风险是一项十分重要且烦琐的工作。为了提高决策的客观性和效率，研究人员还提出了基于博弈论、模糊集理论和人工神经网络等数学方法的各种风险分担决策模型[20]。

项目选择是项目识别阶段的另一个关键过程，通过这个过程，可以识别出最有可能实现物有所值的项目。其中，项目可行性涉及社会、政治、环境、法律和财政等多方面因素[21]，在项目采用 PPP 模式之前，应进行充分论证。与可行性相关的文献主要致力于设计可行性评价模型/框架，通过这些模型/框架可以从整体上考量诸多因素和不同的利益相关者[22]。物有所值分析被广泛用于评价可行性。项目的物有所值大小可通过计算得到，但是其可靠性也常常受到质疑，因为如果改变重要参数（如贴现率）或相关假设，其结果也会随之改变[23]。研究人员还分析了 PPP 模式的吸引力和适用性，提醒决策者 PPP 模式不应该被视为所有基础设施发展的万灵药[24]。

2.1.2 项目准备阶段

项目准备阶段是开发 PPP 项目必须经历的、需要集中多方资源的过程。在该阶段，所有 PPP 项目建设必需的先决条件将得到满足。在 PPP 模式阶段中，不少文献关注的是 PPP 详细设计方面的问题，其中，特许经营期、政府担保和融资结构得到了广泛的讨论，而对 PPP 管理结构相关问题的关注相对较少。

特许经营期是 PPP 详细设计的一个重要内容，它决定了项目何时被移交回政府，并对政府和社会资本的责任和利益做出了区分[25]。通常，社会资本希望特许经营期尽可能长，而政府的期望则与之相反。研究人员探索了大量的数学和实证模型来帮助决策者确定特许经营期，如博弈模型、蒙特卡洛模型、随机收益和成本模型等[26]。然而，Zhang[27]认为传统的、依靠政府单方面要求来设定特许经营期限的方式并不合理，而应该基于政府与社会资本双赢的原则。最近的一些研究对以往的模型提出了改进，增加了一些考虑因素，如公众的感知和社会福利[28]。

政府保证方面的问题也有大量文献讨论。尽管政府保证可能会导致政府管理成本增加，但对相关文献的分析表明，由于政府保证在鼓励社会资本参与 PPP 项目方面效果显著，大多数研究人员仍然建议在 PPP 详细设计中提供适当的政府保证。文献涉及的政府保证类型多种多样，如最低收入保证、最小交通流保证、最高利率保证、债务保证、关税保证和限制性竞争保证等。为确定保证的水平，一些研究者提出了实物期权模型，并通过蒙特卡洛仿真对其进行了验证。显然，政府保证应该控制在适当的水平，当然最好是控制在最低水平[29]。Cheah 和 Liu[30]认为政府保证的设置需要更多地考虑其能产生的实际价值。

对于融资结构，大多数研究旨在探索如何确定适当的股权和债权比例。由于高比例的债务增加了现金流，所以在 PPP 项目中往往更受政府欢迎，但股权比例低的融资结构可能增加项目的利润风险[31]。因此，研究人员提出了不同的模型来帮助融资结构决策。与定价相关的文献提出了各种方法来为 PPP 业务或产品建立合理的定价模型/机制，以平衡政府和社会资本各自的利益[32]。合理的定价很有必要，因为 PPP 这一模式允许投资者在通过 PPP 项目提升社会福利的同时寻求合理的利润回报[33]。合同设计方面的研究主要是试图通过设计合适的合同结构来解决 PPP 详细设计与未来不确定性之间的矛盾。例如，Cruz 和 Marques[34]认为在外界条件不断变化的情况下，灵活的合同设计可以增加项目的价值。还有一些研究探讨了管理结构方面的问题，旨在探索如何通过优化管理结构来更有组织地开展 PPP 项目准备工作。例如，对 PPP 管理团队的研究讨论了各类团队在 PPP 项目准备过程中担任的不同角色，如项目团队、咨询团队、官方的 PPP 工作组或其他专设的 PPP 管理部门[35]。

2.1.3 项目采购阶段

在项目采购阶段，一个有趣的发现是，研究人员对参与项目采购的双方，即政府和社会资本，给予几乎相同的关注。这些相关研究讨论了需要政府负责的招标过程相关问题（如特许权受让人选择、谈判和激励创造），同时也涉及投标者的利益，如项目的融资可行性、风险评估和中标策略。

招标过程包括一系列环节，通过这些环节，特许权授予胜出的投标者。对于 PPP 项目的成功来说，挑选出合格的特许权受让人是至关重要的，因为其承担的责任和风险要远远超过一个单纯的承包商。因此，对招标过程相关问题的研究大多集中在特许权受让人的选择上。Zhang[36]认为选出最佳特许权受让人的关键在于制定高质量的评价标准和候选人评价方法。Zhang[37]回顾了关于特许权受让人评价标准的文献，识别出综合考虑财务、技术、健康、安全、环境和管理等方面的评价体系。后续研究人员继续改进评价标准体系和衡量项目计划的方法，目的仍然是为挑选出最佳的特许权受让人找到可靠的方法[38]。招标过程的重点议题之一是谈判。谈判通常发生在倾向候选人已经选定之后，主要目的是确定 PPP 项目合同的细节。由于政府和社会资本存在利益上的冲突，谈判过程总是会耗费一定时间和成本。研究人员发现政府和社会资本各自都存在影响谈判进程的属性或因素，比如政府部门的组织能力和社会资本是否在项目计划中提出高质量的技术建议[39]。此外，为提高谈判效率，研究人员建立了基于不同方法（如实物期权和蒙特卡洛方法）的谈判决策模型[40]。一些研究人员识别出了招标过程的关键成功因素，如完善的项目实施方案、高质量的项目任务书、政府部门的能力强等[41]。还有一些研究人员专注于改善激励机制，以吸引更多的潜在竞标者，通过提高竞争性来确保高质量的PPP项目采购结果。他们的研究发现，一些可能的策略，如投标补偿，可能在特定条件下提升招标过程竞争性[42]。

此外，研究人员对投资者关注的问题也进行了考察。分析文献可知，PPP项目的财务可行性是投资者首要关注的问题。投资者对财务可行性如此关注并不奇怪，因为正如前面提到的，社会资本参与基础设施PPP项目的首要动机就是获得合理的利润。然而，由于基础设施PPP项目的独特性，如规模大、合同期限长、无追索权融资和不同的参与动机，其财务可行性很难准确判定。因此，研究人员不断尝试各种方法来提高财务可行性评估的准确度。例如，Ho和Liu[42]提出了一种期权定价模型，可以克服传统净现值法的不足。Jeong等[43]综合运用贴现现金流分析、实物期权估值和扩大净现值，提出了一个更全面的财务可行性评价模型。此外，研究人员建议，投资者应在投标前对目标项目进行彻底的风险评估。为此，有学者设计出标准化评估模型，来帮助投标人计算项目风险指数并据此对项目进行排序，从而发现风险最小的项目[44]。还有论文为投资者建议了中标策略，如明确表达融资承诺、采用系统的决策模型和采用适当的融资策略[45]。

2.1.4 项目实施阶段

项目实施阶段自融资关闭起到特许经营期结束，跨度通常超过10年，其间充满了复杂性和不确定性。在此阶段，风险管理、利益相关者管理、实施绩效和应对变化四个主题引起了研究者的广泛关注。四大主题可细分为许多子主题，主题的多样性体现了顺利实施PPP项目并非易事。

与其他阶段的风险研究侧重于风险评估和分担不同，项目实施阶段的风险研究主要关注的是如何管理特定类型的风险或特定地区的风险。换句话说，进入项目实施阶段，人们更加重视风险的应对策略。Wang等通过国际问卷调研总结出应对不同类型基础设施面临的不同政治风险的有效措施[46]；Boeing Singh和Kalidindi提出了基于年金的PPP模式，以降低印度道路项目中存在的交通收益风险[47]；Loosemore和Zhang强调系统思维是解决风险问题的关键[48]。文献表明，新兴经济体（如印度和中国）对PPP项目风险应对关注较多，这也提醒在发展中地区参与PPP项目的政府和国际投资者要加强风险应对策略的制定。

利益相关者可以定义为参与PPP项目的任何具有合法权益的个人或组织。多数研究都强调了利益相关者的共同努力对于PPP项目的成功是非常重要的[49]。研究人员观察到当前利益相关者管理中存在的许多问题，比如利益相关者之间的信誉度差距和不合理的责任分配等，同时也提出了针对这些问题的可能解决方案。例如，El-Gohary等为了促进具有多学科背景的利益相关者之间的沟通，提出了包含多学科知识的PPP语义模型和分类法[50]。还有一些研究关注某一特定的利益相关者。例如Wu等强调政府在PPP项目中的角色应该更明确，否则很难实现利益相关者之间的真正合作[51]。

要通过PPP模式实现物有所值，政府必须对项目的实施绩效进行有效监督。Raisbeck等认为，在澳大利亚，PPP项目比按传统交付方式开发的项目有更好的实施绩效[52]。但是也有研究发现，某些PPP项目在实施阶段的绩效水平较低，这表明PPP项目的实施绩效存在多样性以及可以优化提高的空间[53]。例如，研究人员对PPP项目超支进行了调查，发现PPP模式并不一定意味着可以同时节省时间和成本[54]。Raisbeck和Tang认为PPP模式也不会自动带动技术的创新[52]。PPP项目运行周期长，如何应对变化是其不可避免的问题。有些变化会对项目带来较大的负面影响，应该尽量避免。比如，如果某一变化是特许经营协议明确不允许的，那么它的出现就会导致再谈判，而再谈判对项目实施阶段的破坏性较大，这显然是双方都不愿看到的局面。但有时再谈判也是难以避免的。为了减少再谈判发生时的负面影响，一些研究人员设计了再谈判决策模型（如博弈模型）[55]，还有研究人员识别出导致再谈判的关键决定因素，并试图解释为什么再谈判在某些领域更容易发生[56]。研究人员也探讨了项目实施阶段可能发生的积极的变化，例如，分析了项目成功实施带来超额收益的情形，并提出了超额收益共享策略[57]。

2.1.5 项目移交阶段

在理想情况下，特许经营协议应该对PPP项目的移交过程做出完整的、明确的规定。然而，如前所述，这种理想情况几乎不可能存在，因为项目移交阶段的实际经验或行业操作指导都十分有限。在本章中，只识别出两个主题和三篇论文属于项目移交阶段。Yuan等在回顾了剩余风险（剩余价值风险）研究的基础上，确定了导致剩余风险的六个关键因素，并提出了促进剩余风险管理的概念模型[58]。Yuan等通过两个实际项目进一步验证该模型，确定了剩余价值的累积效应[59]。Abdul-Aziz回顾了马来西亚的一个完成移交的PPP项目，为今后的PPP项目实践提供了有益的借鉴[60]。

考虑到大多数PPP项目目前尚处在移交之前的阶段，因此从业者对这一阶段的关注很少。然而，对于多数 PPP 项目来说，项目移交阶段最终会来到，能否顺利完成移交会直接影响到公共利益。因此，从长远来看，项目移交阶段需要进一步研究，以确保基础设施 PPP 项目移交成功并可持续地提供公共服务或产品。

由此可见，现有文献对项目移交阶段的讨论非常有限，这与该阶段的关键性和实施难度是不匹配的。通过对真实案例的观察和文献的深入分析可知，项目移交阶段也充满了不确定性和风险，没有妥善的管理，移交过程可能会受到干扰，更严重的是，公共服务或产品的持续提供可能得不到保障。

2.1.6 跨阶段主题

尽管研究跨阶段主题的论文数量较多，其研究的主题却相对集中，大部分集中在应用介绍这一主题上。也有研究分析了与整个 PPP 项目生命周期都相关的成功、失败、驱动因素和阻碍因素等主题。有如此多的论文着眼于具有系统特点的跨阶段主题似乎也反映了系统思维对 PPP 项目开发所具有的重要意义。

应用介绍方面的研究主要介绍了 PPP 在不同国家和地区的应用情况。在本章所识别出的论文中，研究应用介绍主题的数量是最多的，这一发现验证了 Zhang 等的结论，他们也观察到 PPP 应用介绍类文章无论是在中国还是国际上发表量都是最多的[61]。本章还发现，许多国家和地区的情况都得到了介绍，其中按照涉及的论文篇数排序排名前三的分别是中国（12 篇）、英国（5 篇）、澳大利亚（4 篇）。这三个国家的名字也经常出现在以往的一些关于 PPP 的文献综述中[62]。作为被研究最多的国家，中国自 20 世纪 80 年代末首次尝试以 BOT 模式修建深圳沙角 B 电厂以来，已经拥有了很多 PPP 项目实践经历[63]。然而，纵观过去三十多年的历程，可知 PPP 在中国的发展并不平顺，一些建成的 PPP 项目绩效也是争议不断[64]。研究人员相信未来 PPP 在中国的发展是充满希望的，但由于中国特有的行政管理体系，可能需要参与者留意一些独特风险的发生[65]。与中国相比，其他被研究较多的国家和地区都是发达经济体。它们在运用 PPP 方面有比较丰富的经验。因此，研究人员希望通过总结项目经验，来促进其他专业知识和经验仍然不足的地方的 PPP 发展[66]。

2.2 PPP 项目风险

2.2.1 PPP 项目风险的分类

随着研究关注的时间和领域的变化，PPP 项目的一般风险因素清单也在不断变化。从20世纪90年代末到21世纪初期，PPP项目仅适用于数量有限的地区。在这一试点阶段，关于PPP项目的风险研究为探索性质的，使用典型案例研究作为主要方法。例如，Wahdan[67]通过加拿大爱德华王子岛跨海大桥项目识别了8类风险。Zhang和Wang[68]讨论了中国上海第二条越江隧道延安东路隧道工程的12个风险。Grimsey研究了苏格兰Almond Valley和Seafield废水处理项目，以展示如何评估基础设施PPP项目的9个常见风险。之后，随着PPP项目在全球越来越普遍，PPP项目风险清单不断发展，变得越来越长，越来越多样化。Li和Akintoye[17]回顾了大量PPP项目和风险管理文献，提出了与英国背景下PPP项目有关的共计46个风险因素。Ke和Wang[69]以Li制作的风险清单为基准，比较了中国的风险分布偏好。Ameyaw和Chan[70]参考了各类文献和案例来识别影响中国水务PPP项目的40个风险因素。Alkaf和Karim[71]筛选了以往关于PPP项目风险的研究，提出的风险因素达到了令人吃惊的81个。

如上所述，现有文献证明，在不同的行政管辖区和行业，PPP项目风险因素存在差别，经过整理分析，本书将PPP的关键风险进行分类，分别为金融与商业风险（含8个风险因素）、法律和社会政治风险（含7个风险因素）、技术和自然风险（含8个风险因素）、合作关系风险（含9个风险因素）。

2.2.2 金融与商业风险

金融和商业的可行性是实施PPP项目的基础。当投资者为项目进行融资时，他们往往面临诸多挑战，例如难以从当地银行获得信贷，当地机构无法提供长期融资或股权融资[72]，缺乏来自东道国政府的融资支持和担保，融资成本高等[46]。项目也会受到宏观经济环境的影响，包括金融体系的不稳定性、宏观经济的调整、国内银行业机构能力薄弱、有影响的经济事件、资本市场及利率的波动等[65]。

收益风险也是影响项目成败的关键因素，收益取决于项目的需求、价格以及政府的相关补贴措施。在PPP项目中，有三种常见的付费模式，即政府支付、用户支付和政府补贴。无论采用何种付款方式，政府和社会资本都需要对项目预期收益有一个合理的预测，在合同上规定公共服务的价格，并根据支付方法使风险分配策略合理化。在PPP项目中，政府有权控制收费价格[73]，合理的价格策略应平衡政府、社会资本和公民用户之间的利益，并考虑整个社会的平均收入和支付能力。低收费会降低项目公司的利益，而高收费会导致公众的不满和用户需求的降低。

合同为合作关系提供保障，PPP项目主要参与双方通过合同约定权利义务、收益分配与风险分担。双方所议事项应该落实到合同的具体条款中，合作期间合同的过度变更会给项目造成风险,另外双方对于绩效考核标准的约定,以及收益与绩效考核相关联的具体事项均应该在合同中明确。

2.2.3 法律和社会政治风险

法律和社会政治风险是宏观层面的风险,一旦发生会对项目产生严重影响。法律对于PPP项目至关重要,因为它提供了一个监管和制度框架,并考虑了各方的利益、义务和权利[74]。外国投资者在法律框架不完善的国家实施PPP项目有相当大的风险,不完善的法律框架可能导致腐败的政商环境和不合理的行政行为。法律的变更也会给PPP项目带来不可预知的风险。例如,在20世纪90年代,许多外国投资者参与了中国的BOT项目并获得地方政府承诺的固定回报率,从而减少运营风险并保证了PPP投资者的经济利益[75]。然而,由于中国政府政策的变化,要求取消固定回报率,许多外国投资者在2002年退出了中国PPP市场。

由于PPP项目大多涉及关乎民生的基础设施项目,对投资者较为敏感,可能存在政府对设备和配套设备的技术要求、对社会资本和建设运营的限制等风险。此外,政府对项目的支持非常重要。政府在PPP项目中既扮演监管者的角色,又扮演参与者的角色,特别是对于社会资本来说,政府的地位相对强势,一旦某项目缺乏政府的支持和认可,将面临重大的失败风险。

2.2.4 技术和自然风险

基础设施项目的开展离不开技术的支持,特别是大型基建项目对于工程技术有较高的要求,这也是政府选择社会资本的一个重要考虑因素。技术用于确保项目质量,控制项目成本并且使项目符合当地的要求。技术不仅指项目建设的技术,也包括整个项目周期的项目管理和运营技术,比如如何开发土地、如何选择投资者、如何进行招投标等,任何一个环节的技术错误都会造成项目失败的风险。技术风险还包括设计缺乏创新性、技术缺乏可靠性、技术老旧等[72]。自然环境如地理环境、气候状况、人口密度等[76],也对项目的顺利建设和运营具有重要影响。除此之外,不可抗力也是值得关注的风险因素,虽然发生概率小,但一旦发生会对项目造成严重影响。

2.2.5 合作关系风险

PPP模式的本质是一种政府与社会资本双方的合作关系,除了这两者,还涉及许多其他利益相关者,例如项目当地居民、项目参与员工、其他承包商或合作企业等。不同的利益相关者之间的良好合作关系对项目目标的实现至关重要。由于PPP项目利益相关者的复杂性,合作关系风险也是一个重要的挑战。

良好的伙伴关系对于项目顺利开展至关重要。在合作关系中合伙人的责任、风险或权力的不公平分配,合作伙伴之间工作方法、技术水平和管理战略的差异,以及任何合伙人不履行承诺都是合作的潜在风险。此外,在各方合作中,各方由于缺乏合作基础,相互之间的信任度较低[72],利益相关者需要时间磨合和建立信任。由于参与者之间存在分歧、竞争、相互冲突的利益,政府和社会资本之间的协调不足通常会导致矛盾和物有所值(VFM)的损失。

在PPP项目相对较长的合作周期内,长期的管理运营对各方的能力和合作效果都有较高的要求。公平的合作地位是合作关系的基础,双方也需要提前在合同中对各项事务进行约定和明确,并确定一致的纠纷解决方案。

3　PPP 模式下的风险管理新框架

传统的风险管理忽略了内外环境变化等因素导致项目所涉风险的变化。事实上，项目风险不是一成不变的，一旦有新的冲突发生，原有的风险评估、分配、应对措施都要发生相应的改变。由此，本章提出了动态风险管理，以丰富传统的风险管理模式。

本章以传统的风险管理模式为基础，根据文献整理的结果给出风险识别、评估、分配、应对这四方面的研究流程，基于此得到动态风险管理的蓝本，为第 4 章在 PPP 项目 RBS 模式下动态风险管理的提出提供基础性支持。

在 PPP 项目动态风险管理新框架的构建中，本研究不仅力争完善风险管理流程，更在此过程中识别出了现阶段 PPP 项目运行的三个关键问题，分别在本书的第 5、6、7 章进行详细的论述。

首先是贯穿于整个 PPP 项目生命周期的风险回流问题。风险管理一直是 PPP 项目各方参与者最关注的问题，风险管理的优劣将直接影响项目的成败以及各方收益的好坏。随着 PPP 项目的累积，风险回流问题浮现出来，风险在政府、社会资本两方中未形成很适配的动态分担模式，其带来的负面影响日益显著。因此，本书将在第 5 章着重展开对风险回流的讨论。

其次是从项目阶段入手，发现目前尚欠缺关于项目移交阶段的风险分析和社会资本进入/不进入决策的研究。项目移交在长达几十年的运营期后才进行，随着中国的 PPP 项目不断进入项目移交阶段，诸多特属这个阶段的问题也暴露了出来，如果未管理好此阶段的风险，可能会使项目移交过程代价高昂，难以一帆风顺，其负面效应还可能会进一步影响公共产品或服务的正常提供。本书第 6 章将对移交风险进行深入探讨。关于社会资本进入/不进入决策的研究，由于 PPP 项目生命周期长达 20～30 年，一旦社会资本做出参与项目的决定，该公司的大量资金将被长期占用，由此发现项目所属行业的特殊性以及投资的高额性，显著影响了社会资本是否要进入项目的投资决策，其中对项目潜在的不确定因素的精确考量，以及如何在有限的时间内做出高质量的投资决策，对投资人来说至关重要。因此本书第 7 章针对该主题开展详细的调研。

3.1 PPP 项目风险管理的传统模式

3.1.1 PPP 项目风险识别

PPP 项目比一般建筑工程项目繁杂，主要体现在投资巨大、合同周期长（特许期一般为 20~30 年）、融资复杂、利益主体目的有差异等方面。所以，规划和制订公平合理的风险分担方案的前提与保证就是清晰识别 PPP 项目风险。在公共基础设施的建设中私营企业、民营资本与政府进行合作，因为在项目的策划、决策、建设、运营的各个阶段合作者的个人性质、层次差异较大，且整个项目周期长、环节多，所以各种风险在项目中都可能会出现。为了防止这种风险事件对项目产生不利的影响，应有针对性地加强项目管理者对 PPP 项目中各种风险的识别，且有针对性地提出降低或者杜绝风险的方法，保证投资收益。

动态风险管理赋予风险识别三个方面的内涵：一是风险事件的识别，二是时间节点的识别，三是应对方式的识别。决策者不仅要根据文献综述、实操经验、相似案例等识别可能发生的风险事件，还要根据项目实际情况、项目所处环境等因素识别风险事件可能对项目造成影响的时间节点以及应对方式。

3.1.1.1 风险事件的识别

风险事件的识别方法有很多，最为常见的方法是风险清单法，通过历史资料、管理经验、案例经验、文献资料等识别出风险清单，结合所实施项目的实际情况和所处环境分析是否存在对应的风险。

3.1.1.2 时间节点的识别

PPP 项目周期较长，在项目实施的各个阶段，同一风险事件的表现（发生的概率、影响程度）不尽相同，因此需要对各项风险对项目产生作用的时间节点进行识别，如不可抗力风险在建设前期对项目造成的影响会比在运营期造成的影响小，而建设质量风险在建设期发生的概率比在运营期发生的概率大。另外需要注意的是，此处识别的时间节点有别于风险事件发生的时间节点，它是指风险事件发生后，对项目产生实际影响的时间节点（即风险成本发生的时间节点），例如法律变更风险，福建某污水处理厂采用 BOT 模式，原计划于 2002 年开工，但由于 2002 年 9 月《国务院办公厅关于妥善处理现有保证外方投资固定回报项目有关问题的通知》的颁布，项目公司被迫与政府重新就投资回报率进行谈判，其中 2002 年 9 月政府公告的颁布才可算作是法律变更风险的发生。

3.1.1.3 应对方式的识别

在实际的风险管理中，决策者基于既有经验对某些常见风险已有应对措施，甚至在项目实施之前就会采取相关手段来规避或者转移风险。因此在进行风险评估之前有必要对风险应对方式进行梳理，通过预测、比较各类应对方式为项目节约的成本或获得的收益来决定采取何种应对方式，这样似乎更符合实际的决策流程。

3.1.2 PPP 项目风险评估

风险评估是在风险识别的基础上，分析和评估各项风险发生的概率和对项目目标达成的影响程度。在 PPP 项目动态风险管理模型中，风险评估不仅要考虑风险事件的发生概率、对项目的影响，而且要考虑其在 PPP 项目生命周期内不同时间节点的表现。PPP 项目风险评估主要分为定性评估和定量评估。

3.1.2.1 定性评估

定性评估是指依靠预测人员的实践经验以及主观判断和分析能力，推断出事物的性质和发展趋势的分析方法。实践中，风险评估常用的定性评估方法主要有经验判断法、德尔菲法、影响图法等。

（1）经验判断法。

经验判断法主要基于风险评估者的经验，对风险事件发生的概率和综合影响做出主观评判。一般情况下，评估者对各项风险会有一个基于经验的认知，结合对项目相关各方的了解，就可以大体上判断各项风险在具体项目中发生的可能性以及带来的后果。经验判断法较为依赖评估者的个人经验及分析能力，具有较大的灵活性，节约时间及成本，能够充分发挥人的主观能动性。但这种方法主观性强，易受评估者知识、经验和能力的束缚。所以在使用这种方法时，应根据一定原则选取评估者，如对 PPP 项目十分熟悉、具有从事类似项目工作的经验、对经济状况反应敏感等。

（2）德尔菲法。

德尔菲法也称专家打分法，是一种常用的、简单的、易于应用的分析方法。首先成立风险评估专家组，由专家组讨论判断各项风险对项目实施的重要程度并赋予权重。其次，根据风险发生的可能性为风险赋予等级值，如按可能性很大、比较大、中等、比较小、很小五个等级，分别赋予 1.0、0.8、0.6、0.4、0.2 的分值。之后，专家组成员根据经验对各项风险进行评估，评估值越大，表示风险对项目的影响越大。最后，将风险等级值与风险评估值相乘得到对应风险的风险水平值，再根据风险权重加总得到风险水平的量化值。为了进一步规范这种方法，也可以根据特定的标准对专家评分的权威性确定权重，进而计算项目的综合风险水平。德尔菲法适用于项目决策的前期，这个时期往往缺乏具体的数据资料，主要依据专家的经验和决策者的意向，得出的结论也只是风险大致的水平，所以只能作为投资决策的基本依据以及进一步分析的基础。

（3）影响图法。

影响图将关键元素（包括决策、不确定性和目标）描述为各种形状和颜色的节点，它是由节点和有向弧组成的无环路的有向图，其中，节点代表所研究问题中的主要变量，有向弧表示变量间的各种相互关系。变量表示风险或不确定性，将节点与相互关系结合起来可以产生风险、决策和结果的联合因果关系和时间序列映射。正确构建的影响图提供了项目及其固有风险的图像。影响图通常是定量风险分析的第一步，使用主观概率和价值估计，可以获得结果不确定性的定量度量，这种评估反过来又可用于制定风险管理策略。影响图法一方面可以揭示PPP项目风险事件与其相应管控措施之间的相互作用机制，另一方面可以揭示各阶段风险间的关系。利用这种方法可以更加系统地从PPP项目生命周期的角度动态分析风险。

3.1.2.2 定量评估

风险的定量评估是指通过建立数学模型，并用数学模型计算出分析对象的各项指标及其数值来评估风险水平，常见的有模糊综合评价法、蒙特卡洛模拟法、情景分析法等。

（1）模糊综合评价法。

模糊综合评价法通过综合主要影响因素确定各项风险大小的隶属程度，用风险评定集上的一个模糊子集来进行表达。该方法构建在风险因素递阶层次结构的基础上，综合专家经验，将定性问题进行定量化分析，可以较为全面和确切地反映项目风险的评判信息，并对项目"感觉性风险"的模糊属性进行表达。基于模糊数学的各种方法主要是利用隶属度及模糊推理的概念对风险事件进行排序，由层次分析法（AHP法）确定各指标的相对权重，给出定量的评价结果[77]。

（2）蒙特卡洛模拟法。

蒙特卡洛模拟法是一种依据统计理论，利用计算机来研究融资风险发生概率或风险损失数值的计算方法。根据蒙特卡洛模拟法的原理，风险评估主要包括以下步骤：第一，根据实际项目，确定目标和影响目标的风险变量，然后收集风险因素的相关数据，对其进行加工分析。第二，在风险分析的基础上对各风险变量进行风险结果及相对应的概率分布分析，确定风险因素的分布函数及其参数，并做统计检验。第三，根据风险分析的精度要求，确定模拟次数并产生随机数，根据随机数在各参数变量的概率分布中随机取值数学模型，求得项目目标变量的一个具体值，即得到一个随机事件的样本值。第四，重复前述步骤得出多个目标变量值，形成目标值的分布。一般来说，重复的试验次数越多，目标值的分布越接近实际情况。第五，对得到的样本值进行统计分析，得到分布曲线，并检验其概率分布，估计其均值和标准差，分析模拟结果，进而得出具体的目标变量风险值[78]。

蒙特卡洛模拟法能够通过多次试验在风险发生概率方面得到满意的精度，不过对于不能确定风险变量的概率分布或不适合使用蒙特卡洛模拟法来量化分析的风险，则需要其他方法的配合。

（3）情景分析法。

情景分析法在我国PPP项目风险量化中常被使用，是通过估计风险事件发生不同情景的概率及其在对应情景下产生的后果，对风险水平进行量化的一种方法，通过结合专家经验和知识，运用定性和定量相结合、专家评价和科学计算互为补充的系统分析方法，给出定量的评估结果。

3.1.3 PPP项目风险分配

本节不针对具体的项目给出风险分配的建议，而是根据学者观点、文献资料和多年的实践经验，总结出风险分配过程中涉及的利益相关者以及风险分配的原则，主要是为实际的风险分配提供前期的准备工作，给第4章中风险分配原型提供分配路径。

3.1.3.1 PPP项目风险分担利益相关者

PPP项目的主要参与方及其职能如图3-1所示，其中主要的利益相关者有政府、社会资本、原料供应商、融资方等[79]。

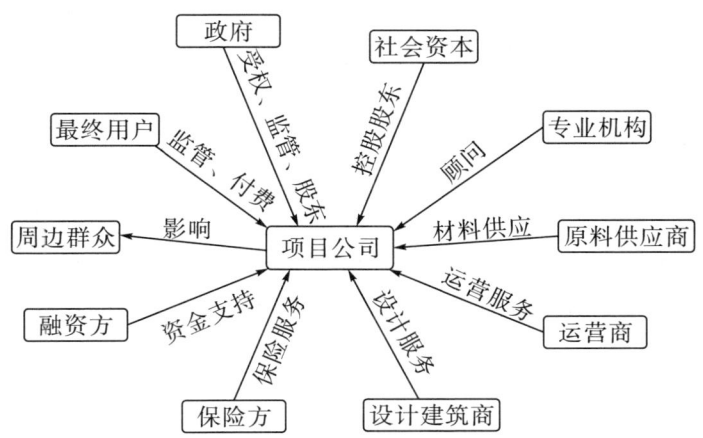

图3-1　PPP项目的主要参与方及其职能

3.1.3.2 PPP 项目分配原则

风险管理是 PPP 项目管理的重要方面，而 PPP 模式强调参与各方的风险共担和利益共享，因此合理的风险分配方案成为 PPP 项目风险管理的重要一环。合理的分配方案需遵循一定的原则。综合理论研究与案例调研，其所遵循的风险分配原则主要有以下几点：

(1) 最优分配原则。

最优分配原则指每一项具体的风险都应该分配给能以最小成本承担的、对对应风险最具控制力的一方，且给予风险承担方选择如何处理和最小化该风险的权利。这就保证了较低的风险成本和较强的风险管理水平，也在一定程度上激励参与各方为管控风险付出努力。

(2) 归责原则。

归责原则即确定责任归属，是法律上用于解决责任承担争议问题常用的方法，对 PPP 项目风险分担具有一定的借鉴意义。PPP 项目利益相关者众多，导致风险事件发生的原因并不单一，各方合同关系较为复杂，这使得 PPP 项目风险中责任归属相对较为复杂。因此，可针对不同类型的具体风险因素建立归责框架，构建多元化归责原则体系。对于可以界定过错方和归责对象的风险因素，可以使用归责原则加以分析；无法准确分清利益相关者过错的，需要根据实际情况结合其他的风险分担原则进行分担策略的调整。

(3) 风险收益对等原则。

风险收益对等原则是指如果某一项目参与主体在管理某项风险时获得了最大经济利益，则该风险应由这一主体承担。这一原则既强调参与方对风险管理成本和风险损失的承担，又尊重其获得与承担风险相匹配的收益的权利。如果风险管理成本大于与之对应的收益，风险转移则不可能在自愿的情况下发生，而只有各参与方从风险分担中均得到收益，风险分配才有价值和意义。这一理念与资产定价理论不谋而合。

(4) 风险有上限原则。

项目风险分配应根据各参与方的财务实力、技术能力、管理能力等因素设定风险损失承担上限，不能由任何一方单独承担超过其承受能力的风险，以保证双方合作关系的长期持续稳定。否则，任何一个参与方都有可能无法保证公共产品或服务的供给效率，最终影响项目参与方维持合作伙伴关系的积极性及项目的持续性和稳定性。

(5) 风险动态分担原则。

区别于传统融资方式，PPP 模式强调项目生命周期的整合，持续时间长达数十年，在此期间可能发生多种意料之外的情形，而同一风险事件在不同阶段的发生概率大不相同，对项目的影响也不尽一致，因此风险事件本身的发生概率和影响是变化的。此外，参与方对风险的管理手段会极大地影响风险事件本身对项目的影响，而参与方的经验积累、技术进步等要素会提升风险管理水平，因此从PPP项目生命周期来看，一成不变的风险分配方案是不合理、不公平的，风险的分配必然是动态的，以适应项目不同阶段特点以及参与方管理水平的变化。

3.1.4 PPP 项目风险应对

决策者会对风险做出应对，在大多数情况下，风险应对措施主要有四种：规避、消除、转移、自留。应对风险的最优选择应该是规避风险，但这在实际操作中很难实现，因为规避风险也意味着同时失去了机会，因此在大多数情况下，更现实的做法是尽量减小风险，甚至在理想情况下消除风险对项目的影响。在处理不能被减小或消除的风险时，决策者才选择转移或是分担剩余风险，如购买保险、准备应急费用等。由此可见，在实际的项目管理中，风险应对措施是会影响风险管理的，这种影响体现在以下几个方面：

首先，风险应对措施影响风险的最终分配。通过谈判、签署协议、签订备忘录等方式，参与方基本上已明确了在项目实施中的权利、责任和义务，在风险应对时，参与方可能采取相关措施来转移风险。由于不同参与方的风险控制能力和应对措施不同，风险在转移过程中可能沿着参与方之间的复杂关系由初始分配方案之外的第三方承担，甚至回流至最初转移风险的一方。

其次，风险应对措施影响风险后果。不同参与方的风险管理水平和风险偏好不同，在面对同一风险，不同的参与方会选择不同的措施来应对，风险管理水平高、经验足的参与方可以将风险降低，风险评估水平相较风险分配时的评估值有一定幅度的降低，此时的风险分配方案也有必要重新审视。

再次，风险应对可能产生新的风险事件。风险之间是相互关联的，具体一种风险的应对措施是多样的。妥当的应对措施在减小相应风险的同时可能还会降低其他风险，甚至避免一些风险事件的发生；而糟糕的应对措施则可能产生新的风险事件，甚至影响整个项目的开发与运营。

最后，风险应对措施可能影响项目实质条件。国际工程风险因素多样，风险应对的手段也较为多样，甚至有时会改变项目的实施方式，进而使风险事件的表现偏离最初预定的假设，风险事件的识别与评估也会产生一定偏差。

但并不是所有的风险都需要应对，某些风险发生的概率足够小或对风险的控制足够强，则没有必要对风险进行回应，或者风险分析耗费的成本高于回应风险所带来的利益，对其不做任何回应就具备一定合理性。

3.2　PPP 项目动态风险管理的理论框架

传统的项目风险管理主要经历风险识别、风险评估和风险应对三个阶段，同时在项目实施过程中，如出现新的风险事件或者风险表现产生偏差，则会再次经过风险识别、风险评估、风险应对的流程，此步骤称为风险监控。

实际操作中，由于 PPP 项目的双主体结构，PPP 项目风险管理的各个阶段是相互影响、彼此联系的，经验丰富的决策者甚至不用经过这些步骤便能快速了解风险的综合水平并做出适当的决策。他们通过对比不同应对措施可能带来的实际效果，结合自身能够承担的风险水平去指导风险分配（通过谈判等手段实现），甚至在风险还未分配的时候，他们已经对风险进行了相关的控制与转移（如事先购买保险、与金融机构签订框架协议等）。由此可见，PPP 项目的风险管理流程往往不是单向的评估、分配、应对，而是对三者的综合考虑，这也是本研究提出的 PPP 项目动态风险管理的内涵之一。PPP 项目风险分配的动态性体现在两个方面：第一，同种风险在不同阶段的发生概率和后果的动态性；第二，风险分配、风险评估、风险应对三者之间的相互作用在时间上的动态反映和平衡。由此，本研究在传统风险管理框架下不加证明地提出四个假设，假设如下：

假设一：PPP 项目采取双主体结构，因此风险管理会涉及风险分配问题。

假设二：风险具有时间属性，不同风险在不同时间会呈现不同的特征。

假设三：风险的评估会受到风险应对措施的影响。

假设四：风险由不同主体承担时，其大小与概率会发生变化。

基于以上四个假设，PPP 项目风险管理的识别、评估、分配和应对都在传统风险管理模型的基础上衍生出新的含义。据此本节构建了 PPP 项目动态风险管理框架，如图 3-2 所示。

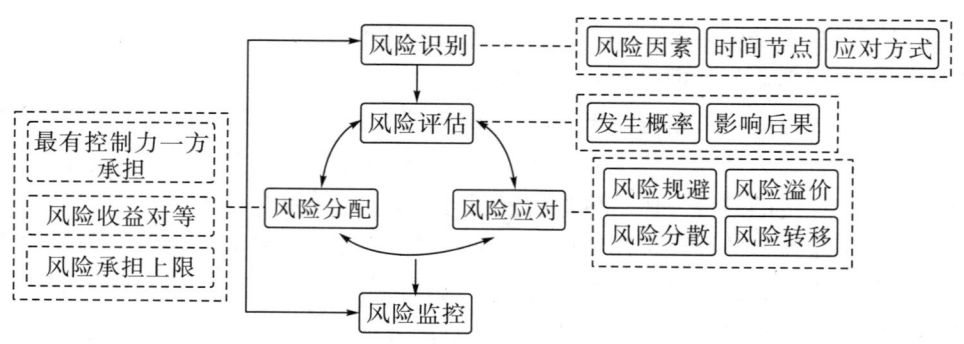

图 3-2　PPP 项目动态风险管理框架

3.3 PPP 项目动态风险管理模式下的几个关键问题

根据诸多案例以及相关文献，3.1 节给出动态风险管理下识别、评估、分配和应对的理论基础，并在 3.2 节整理出动态风险管理的理论框架，明确指出风险不是一成不变的，它会随着现实情况的变化而发生相应改变，为未来的风险管理提供了更加灵活的管理模式。在动态风险管理模式下，有几个关键问题值得注意，一是风险回流，二是移交风险，三是社会资本进入/不进入决策。

3.3.1 风险回流

在工程项目中，尤其是在 PPP 项目中，风险管理是必须重视的问题，随着 PPP 项目类型和数量的增加，风险回流问题逐渐在风险管理中凸显出来，极大地影响了风险管理的效率和质量。通过文献和案例总结，笔者得出风险回流带来的后果表现在以下四大方面。

首先是风险转移实际水平与事前评估水平不符。经过学者调查，发现一定比例的项目采用 PPP 模式在执行过程中并未将适当风险有效转移给私人资本方[80]。哈达罗（2014）基于北爱尔兰的两个 PPP 项目提出了关于风险转移程度的问题，发现风险转移和 VFM 是一个非常主观的过程，PPP 项目的财务顾问不乏会乐观地估计风险，导致采用 PPP 模式似乎比传统采购更具吸引力[81]。

其次是风险分配不当影响风险转移效果。在实践中，风险分配仍然是主观的和直观的。值得注意的是，PPP 项目参与者对风险的评估可能非常不同。随着时间的推移和项目的开展，风险信息的评估结果可能会发生变化。而风险的反复来回流动和转移只会导致项目价格的上升和最终项目失败。即使是现在，实践中项目的谈判也可能很少涉及风险识别和分配，风险管理责任可能只在项目合同中含糊地涵盖[82]。总的来说，风险分配的趋势是从项目发起人开始的，将尽可能多的风险转移到主承包商身上，而主承包商反过来又设法将风险转移到分包商及其子分包商身上。风险初始分配倾向于将风险转嫁给那些最无力抗拒承担风险的一方，也就是最无力抵消风险的一方。如果项目开始失败，这些风险就会被重新分配给主承包商，并最终回转至项目发起人（也就是政府），此时已经失去了解决问题的机会。

再次是机会主义影响风险转移效果。在 PPP 项目中，由于政府和社会资本的目标不一致，社会资本倾向采取机会主义行为，可能会对公共利益造成损害，为防止机会主义造成的损害，可以以"激励为主、监管为辅"的方式来保障

PPP 项目的健康合作。

最后是国情影响风险转移效果。央企、地方国企等公有制经济和民企、私企、外企等非公有制经济在 PPP 市场上展开竞争，享有隐形补贴的国企的参与使得风险转移效果受到显著影响[83]。当下国家虽然出台了相关法律政策规范 PPP 项目的运作与执行，但在风险分担上指导意见仍然较为宽泛和模糊。当前国企作为社会资本参与 PPP 项目时，因股权或控制权等的存在，会致使许多风险不可避免地以更高的成本又转移给政府。

上述四种情况初步反映了风险回流给 PPP 项目成功运行带来的难题，风险的不合理分配或是管理的不及时将导致项目的风险管理缺乏有效性，使得项目以高于 VFM 中的金额运行，并且在后期的管理中付出超过预期的费用，更有可能因为风险回流而导致项目失败。无论哪种情况，都是项目参与者不愿看到的。为了避免或减少该类损失，本书在接下来的第 5 章针对风险回流问题，给出风险回流发生路径、发生原因以及风险回流如何止逆的研究，为 PPP 项目参与者提供理论和实践参考。

3.3.2 移交风险

PPP 项目的特许经营期结束后，每个项目或多或少都需要开展移交工作[84]。由于 PPP 项目的特许经营长，动辄可达几十年之久，目前很少有项目已完成全部工作进入特许经营权由社会资本回到政府的项目移交阶段。在中国，这种情况正在改变，因为越来越多的 PPP 项目，尤其是水务 PPP 项目，正在接近项目移交阶段。但关于这个阶段的知识仍然十分有限，这导致在实践中项目移交过程总是充满各种问题，这些问题也亟待被识别并且需要提出解决方案。由于 PPP 项目中的交易成本问题（TCE 问题）与 PPP 的复杂性有关，根据交易成本经济学（TCE）理论，有学者认为 PPP 项目的移交过程可被归纳为两个 TCE 问题，即安全性问题和适应性问题。

PPP 项目的第一个挑战来自安全性问题。对于 PPP 项目，政府和社会资本双方向项目中投入的大量资产已经被整合、转化到各类具体的项目资产中，因此当资产存在被各类风险破坏的可能性时，就产生了 PPP 项目的安全性问题。例如，当项目进入移交阶段，社会资本往往会抓住最后的机会为项目获利，也就可能出现对设施、设备或结构使用不当（如过度使用并且疏于维护）的情况，从而导致项目的剩余价值降低。类似地，由于政府对项目的控制和监督能力不足，其他风险也可能出现，从而导致安全性问题。如果这些问题等项目移交完成后才被发现，政府以及其所代表的公众利益必将受到损害[87]。

在项目移交阶段，适应性问题也可能由不确定性和有限理性引起。在有限理性限制下，不可能存在完美的PPP项目合同，随着时间的推移，合同可能无法适应环境不确定性带来的变化。特别是在项目移交阶段，项目环境的变化已经累积到最大限度，先前的移交安排在实际环境中极有可能变得无法适用。而且，由于业界目前缺乏具有普遍指导意义的移交操作指南，这将使得项目移交阶段极有可能成为一个高成本的、耗时的过程[88]。因此，要在较短的时间内有效地完成各项移交任务，就必须认真解决合同适应性带来的问题。

综上，由于上述问题的存在，业界迫切需要对项目移交阶段进行全面的理解和科学的安排，以防止可能的危害随着项目的移交而转移至政府。

在实际操作中，由于仍然缺乏必要的知识和经验[89]，目前大多数PPP从业者并不能有效地处理项目移交过程中遇到的各类问题。同时，学术文献也几乎不能提供有效的帮助，因为尽管已有大量学术文章研究了不同的PPP阶段，但对项目移交阶段的研究依然十分稀少。随着越来越多的PPP项目慢慢接近项目移交阶段，许多政府和行业机构也逐渐认识到项目移交阶段的重要性。例如，中国财政部在其官方PPP指南中明确规定："合同中应明确规定移交形式、补偿方式、移交项目、移交标准等。"一些广泛使用的PPP参考指南也尝试为移交管理提供一些有益的建议。但是这些建议往往过于宽泛和理论化，无法指导具体某一区域的移交实践。此外，项目移交阶段的问题不仅可能会使移交过程波折不断、代价高昂[88]，而且其负面影响还可能进一步遗留至项目移交后的运行中，从而影响公共产品或服务的正常提供。本书将在接下来的第6章对上述问题展开详细的阐释。

3.3.3 社会资本进入/不进入决策

由于PPP项目复杂的风险结构和风险关系，20～30年的合作期使得PPP项目的实施存在较多的不确定性，因而投资决策对企业的经营战略十分重要。如何准确考量项目潜在不确定因素的影响，在有限的时间内做出有质量的投资决策，以免投资失误造成不可逆转的损失，对投资者来说尤其重要。现阶段我国关于PPP项目的投资决策研究存在以下两点问题。

当前针对我国PPP项目投资决策影响因素的研究尚显薄弱。通过文献调查和案例分析，笔者发现国内外学者对中国PPP项目的研究主要集中于项目运营PPP模式的可行性论证、项目的成功及失败因素的评估、风险识别及分配、项目评价等方面，较少研究针对PPP模式的投资决策。

此外，投资决策模型采用的评价指标及评价方法呈现多样性，然而许多模型选用的方法对数据的数量以及准确程度要求很高，且大多数投资决策模型仅考虑财务收益，未能全面考虑其他非现金流因素对项目的影响，需要根据我国特定领域 PPP 项目的特征构建适用的模型。投资者如何识别特定领域 PPP 项目投资影响因素，并将多种影响因素纳入长期项目投资决策的研究框架中，将成为下一步的研究趋势。

结合现存问题，通过文献回顾及相关案例分析，本研究概括了 5 点 PPP 项目投资决策的主要特征，这也是本书在接下来的研究中需要考虑到的因素。

3.3.3.1 不确定性

PPP 项目投资决策具有不确定性。由于整个 PPP 项目的生命周期较长，所涉及阶段多，存在着许多会对 PPP 项目具体建设运营产生重大影响的不确定因素，这些不确定因素造成了投资决策的不确定性。而在 PPP 项目的投资决策阶段，由于投资者所掌握的项目信息有限以及后期风险的不确定性，投资者无法准确预估项目的成本，进而造成了投资决策的不确定性。此外，在一个项目的前期阶段，对投资的未来回报的预估常常是不确定的，由于各种因素的影响，投资者往往无法准确预估未来的现金流量，导致做出草率的投资决策。

3.3.3.2 时效性

在前期开发过程中确定 PPP 项目是否具备可投资性时，社会资本可获得的信息非常有限。而且，投资者没有足够的时间来获取对于投资决策来说更可靠的信息。在当前 PPP 项目采购过程中，采购人会对投资者确定参与投标及准备投标文件有严格的时间限制，大部分项目的投标文件准备时间在 25～40 天。尽管涉及大量复杂的不确定因素，投资者仍需要在一个月内或更短的时间内对 PPP 项目做出全面的评估，测评其是否满足企业的投资要求，以做出有质量的投资决策。

3.3.3.3 不可逆性

多数 PPP 项目专业性强，所需专业设备多且价格较高，容易形成较大的沉没成本，一旦形成资本，这些设备很难再转产成其他产品，一旦投资失误，这些资金绝大部分无法收回。PPP 项目的这些特点决定了在项目投资的前期，投资者需要客观正确地对项目的风险和价值进行判断和评估，避免由决策失误导致巨大的损失。

3.3.3.4 多重选择性

Augenblick 认为，在对一个 PPP 项目做出投资决策时，投资者需要依次考虑以下 5 个问题：一是这个项目是否足够好，能否投资？二是项目规模能有多大？三是投资这个项目需要多少资金？四是根据项目的预期收益，可以借入多少资金？五是是否有必要提高项目信用质量，为项目融资？这些考虑使得投资者在对 PPP 项目做出投资决策时十分谨慎，对于某些方面无法达到企业要求的项目畏手畏脚，不敢投资，但是社会资本在评估未来的项目时应该保持积极乐观的心态，高瞻远瞩，增加当前的项目机会能在一定程度上促进企业的持续发展。众所周知，没有一个 PPP 项目在开始阶段就能保证一定成功。因此，投资者需要准备多个战略备选方案，并制订谈判计划，通过控制和减少项目环境中风险因素的影响来提高项目的可行性。

3.3.3.5 多目标性与多重利益性

实际的 PPP 项目投资决策活动往往是多目标的，众多目标之间可能会存在矛盾冲突，而某些目标如社会效益难以量化，不同投资者对决策目标的判断也不尽相同。项目中也存在着多个利益相关方，在选定一个项目对其做出投资决策时，投资者需要仔细衡量这个项目未来是否能够满足其他项目参与者（尤其是公共机构和金融机构）的利益要求，同时仍然保持投资者自身的潜在利益。

以上述基本理论为部分依据，本书在后续的第 7 章将进行 PPP 项目的投资决策影响因素的识别与分析，构建投资决策模型，以解决现阶段在 PPP 项目投资决策中存在的诸多问题。

4 PPP 项目 RBS 模式下动态风险分配原型及风险管理

第 3 章基于传统的风险管理模式，给出了动态风险管理模式，将传统风险管理中忽略的动态因素考虑至新框架中，使得风险管理从宏观上、操作流程的时间线上可依据现实情况进行实时变更。本章在此基础上，提出将 RBS 模式融入动态风险管理中，通过层级分析，将潜在的和呈现出的风险按照一定的规则分层剖析，做到在每一个时间线上尽量不遗漏任何一个可能存在的风险。

结合 RBS 模式的分析逻辑，本章以 5 个典型的 PPP 项目实施方案为例，得出 RBS 模式下的风险清单，列出了风险因素及其含义，以及各个实施方案在实际操作中建议的风险分配方案，最终展现出风险分配原型，为 PPP 项目参与者提供直观、有借鉴意义的风险分配方案。

4.1 RBS 模式

4.1.1 由 WBS 到 RBS

项目管理实际上是信息产生、传递、交换和处理的过程，而结构化是确保产生并全面理解信息的一个重要手段。项目管理中工作分解结构（Work Breakdown Structure，WBS）是结构化最明显的一个例子。WBS 指将项目按照其内在结构或实施过程的顺序进行逐层分解而形成的结构示意图，一般需将项目分解到相对独立、内容单一、便于管理、易于成本核算与检查的工作单元[90]。实际工程中通常采用将工作分解到工作包这一最小单元并形成具有层次关系的工作分解结构树的方式来表达。

对于一个项目而言，由于风险管理与项目管理具有相同的生命周期，且信息的产生、交换、处理过程一致，因此可以用同样的方式，将风险数据组织化和结构化。使用 WBS 的分层结构方法和思想解决风险管理结构化问题，这样的风源的分层结构就称为风险分解结构（Risk Breakdown Structure，RBS），与 WBS 的定义模式一样，RBS 可定义为：根据风险辨识来标示项目的风险状况，预测可能存在的风险，将风险逐层分解，一直细化到各类风险的属性类似为止。RBS 能够有效地对风险进行分解，并在此基础上对风险进行有效识别。当前该方法被作为风险识别方法，广泛应用于工程建设、网络信息、政府购买公共服务等领域。

WBS 的主要价值和作用在于定义工作及其范围并作为项目管理的基础。同样 RBS 可以充分反映风险的层次性，有效表示风险的结构，确保找出项目所面临的所有风险因素，有助于风险管理人员全面理解项目面临的风险并指导风险管理过程。

4.1.2 RBS 运用过程

基于业界学者的研究理论以及实践经验[92]，本小节给出 RBS 在实际工程中的运用过程。核心步骤是从前期的收集资料，到确定主要风险因素，再到建立特定项目的 RBS。

4.1.2.1 收集资料，认识项目

从风险的角度审查项目计划，认清项目的形势，并揭示出隐藏的一些项目前提和假设，具体内容包括项目自身特点、项目管理过程、项目所面临的外部环境、可与本项目类比的先例等。

4.1.2.2 主要风险因素的确定

主要风险因素的确定实质上就是结合项目的实施过程和风险的来源进行风险分类的过程。项目风险分类方法有很多，可以从不同的角度、根据不同的标准进行分类。可以根据项目发展的时间顺序把风险划分为项目建设开发阶段风险、项目试生产阶段风险、项目生产经营阶段风险等三类，可按照项目风险是否可控划分为可控制的风险和不可控制的风险两类，可依据风险暴露的性质把风险划分为财产风险、责任风险和人身风险三类，也可以划分为技术风险、项目管理风险、组织风险和外部环境风险四类。运用时，需要从整体上、结构上把握风险的特点和性质。

4.1.2.3 建立 RBS

建立 RBS 关键的一步是确定分解层次。多数情况下，第一层是项目总体风险，第二层是前面所确定的主要风险因素，一般要求其能完全考虑潜在的风险

源，第三、第四层则是对主要风险因素的进一步细分。确定分解层次时需要注意以下几点：

（1）项目风险经过几个阶段逐步进行分解，直至获得被认为必要的最低层。最低层的要素应该能够反映风险之间的相互联系，适应风险管理的需要。

（2）不一定将每一个主要风险因素细分为相同数目的层次，每一主要风险因素只需分解到可以满足风险评价阶段对风险进行定性及定量分析的需要即可。

（3）风险分层并不是越细越好，一般按照项目的种类、性质、规模、复杂程度确定层数。对大多数项目来讲，一层就足够了。

（4）风险分解过程应该与 WBS 同步，以提供风险管理所必需的资源和技术支持。一旦主要风险因素、层次确定以后，在确保主要风险因素完全覆盖风险源的前提下，对第三、第四层次的风险因素进行识别。在这个阶段，可以采用常规的风险识别方法和工具，如头脑风暴法、德尔菲法、风险识别检查表法、政策分析法、制式表格法、风险列举法等，并在以往经验的基础上，通过与相关部门及专家密切合作、交换意见，对各个风险因素进行识别。而对各层风险因素的分类，我们可以参考聚类分析法。以此为基础，通过把已经识别的风险细分到 RBS 的最低层，确保 RBS 的结构化。这个阶段，我们通常可以增加"其他风险"作为主要风险因素以确保所有影响项目的风险源已经被揭示。

4.1.3 RBS 模式下 PPP 项目动态风险管理

在传统项目风险管理过程中，大多数默认了一种假设，即风险一经评估确认就不再发生变化，后续的风险分配、应对等管理过程都是基于风险评估或分析的结果进行。但实际上这一假设并不符合实际情况，风险具有显然的动态特征。

由于 PPP 项目所具有的特性，生命周期较长，且涉及多方的利益，再加上内外部环境会发生变化，风险分担的格局亦会随之变化，使 PPP 项目的风险分配具有动态性。有部分研究涉及风险的动态特性，如 Arndt 提出风险分担应该是一个动态的过程，能够随着外部条件和合同各方情况的变化而改变，各方要主动制定应对风险的措施，协同解决风险，实现项目双赢的目的，并且动态风险管理只有在项目利益相关者认为风险得到合理分担的情况下才能实现[93]。Lin 认为风险分担的动态性主要来自 PPP 项目合同关系的动态变化，对 PPP 风险分担的研究不能单从某一个项目利益相关者的角度出发，必须从项目整体利益考虑；同时风险分担还应该从项目的生命周期的角度出发通盘考虑[94]。Hurst 则提出对于私人和政府共同承担的风险应每三年重新进行谈判，以调整双方的风险承担量[95]。总的来说，PPP 项目在进行中所需资金量大、涉及的利益相关方较多、施工复杂、建设工程量大、工程施工建设周期长及其建设和运维所处的自然环境与社会环境等复杂多变，导致影响 PPP 项目顺利进行的风险因素众多，带来的后果是：首先从整体上找出存在的风险源非常困难，并且大部分风险识别方法容易产生风险因素的缺漏项。其次随着项目进行阶段、社会环境等的变化，风险因素将会发生改变。但目前针对动态风险管理的研究较少，并且并没有形成系统的管理框架，更缺少将 RBS 和动态风险管理结合的研究。

因此，本章后续采用 RBS 风险识别方法，以风险源为切入点，将 PPP 项目生命周期中的风险层层分解与细化，使深藏的风险因素显现，避免了风险因素的漏缺和人的主观风险识别所带来的弊端，使得风险数据得以组织化和结构化，并将动态管理思想融入风险管理中。

4.2 RBS 模式下 PPP 项目动态风险分配原型

本节选取 5 个咨询公司给出的典型的项目实施方案中的风险分配计划，总结得出在 RBS 模式下 PPP 项目风险分配原型，并将第 3 章中动态风险管理理论框架融合至项目生命周期管理中，旨在为日后工程项目的风险管理方案提供风险分配的模板以及为动态风险管理提供参考。

4.2.1 PPP 项目风险分配原则

采取 PPP 模式所涉及的利益方及风险因素较为复杂，并且这些风险不能仅仅依靠技术性措施根除，因此，必须分配给项目各参与方来承担。根据财政部《关于规范政府和社会资本合作合同管理工作的通知》（财金〔2014〕156 号）附件《PPP 项目合同指南（试行）》，在设置 PPP 项目合同条款时，应坚持风险分配的下列基本原则：

（1）承担风险的一方应对该风险具有控制力。
（2）承担风险的一方能够将该风险合理转移。
（3）承担风险的一方对于控制该风险有更大的经济利益或动机。
（4）由该方承担风险最有效率。
（5）如果风险最终发生，承担风险的一方不应将由此产生的费用和损失转移给合同相对方。

综合考虑政府与社会资本的风险管理能力、项目回报机制等要素，在政府和社会资本之间合理分配项目风险。

4.2.2 PPP 项目风险分配比较及原型

本节在 RBS 模式指导下，根据 RBS 运用流程，首先进行材料收集，以 5 个已有的典型实施方案为蓝本，然后从中识别出主要风险因素，得到 8 类风险类别，最后整理并总结这 5 个实施方案中的风险类别，依据 WBS 下的项目阶段分割，得到最终的 RBS，如图 4-1 所示。目标层是风险，准则层分别是前期工作风险、融资风险、设计风险、建设风险、运维风险、移交风险、法律和政策风险、不可抗力风险，指标层根据各个方案下的风险类别及其主要风险进行整合，总共分为 8 类 68 个风险因素。

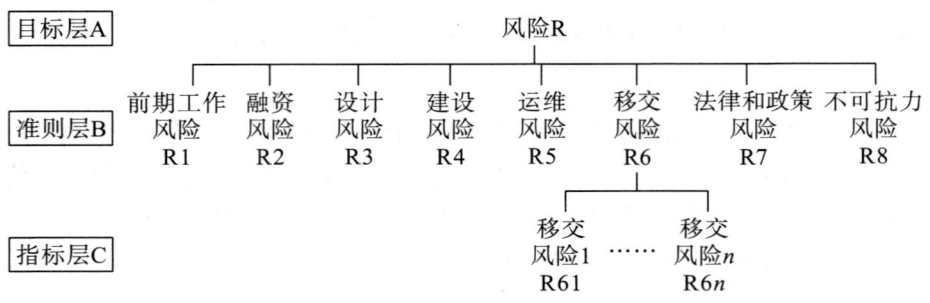

图 4-1　五种实施方案下的 RBS 图

根据文献回顾和方案整合，表 4-1 展示了主要风险因素要义。

表 4-1　PPP 项目风险因素清单

编号	准则层 B	指标层 C	风险要义
1	前期工作	规划调整风险	项目规划在前期发生变更
2		项目报审风险	项目的前期报审因政府方面的问题导致无法按期提交
3		项目配套安排风险	项目用地的规划、选址、征地拆迁等用地保障工作未完成
4		项目公司设立风险	政府和社会资本出资建立项目公司存在股权、债务、责任等界定不清晰的情况带来的风险

续表4-1

编号	准则层B	指标层C	风险要义
5	融资风险	社会资本融资成本超过预期	实际融资成本高于预期的风险
6		社会资本未能及时完成融资交割	中标人未按照合资合同的规定完成对乙方的首比出资,或是乙方与贷款人未签署或是未递交所有融资文件
7		社会资本未能完成项目所需融资	因融资失败,资金不能按时到位导致建设成本增加
8		政府资本金筹措风险	政府未及时筹措到合同中约定的资金
9		除资本金外的资金筹措(债务融资)	社会资本通过商业银行、债权等方式融资带来风险
10		利率变动	利率变动带来的项目总投资及运营成本增加
11		通货膨胀风险	因通货膨胀率高于预测值导致项目建设和运营成本增加的风险
12	设计风险	设计文件缺陷	由于设计存在缺陷,导致施工或运营过程中出现问题产生的修复成本
13		社会资本要求的设计更改	因社会资本要求变更设计而引起成本增加的风险
14		政府要求的设计更改	因政府要求变更设计引起成本增加的风险
15		合作区域城市规划、产业定位不合理	项目合作区域的城市规划设计、产业定位不合理
16		区域规划调整	项目所在区域的建设布局发生变化
17	建设风险	供地风险	项目公司有权合法使用和出入项目红线内场地,政府未保证该权利在整个项目合作期内持续有效
18		土地征用	项目在运行过程中遇到土地被政府征用的情况,导致项目不能按照预定的时间节点推进
19		土地征收在地方政府权限内的协调风险	项目在运行中遇到土地被征收的情况,且在政府协商职责内的风险
20		土地征收在地方政府权限外的协调和审批风险	项目在运行中遇到土地被征收的情况,且在政府协商职责外的风险
21		土地征拆补偿支付	因政府原因征地拆迁、更改设计而导致成本增加及工期延误

续表4-1

编号	准则层 B	指标层 C	风险要义
22	建设风险	因社会资本导致的建设成本超支	社会资本管理能力不足，对施工方的选择、管控、资金支付风险，造成建设成本超支
23		人工/材料/机械价格变化	因市场行情发生变动，导致人工/材料/机械价格发生变化
24		因社会资本导致的工程整体完工进度风险	因社会资本原因导致的工期超期，指的是由于各因素合理顺延及宽限后，整体完工仍然延误，政府提取履约保函自行补救直至终止合作
25		因政府导致的工程整体完工进度风险	因政府原因导致工期超期而带来项目效益下降及成本增加的可能性
26		工程整体质量控制风险	施工质量不达标而导致维修以及赔偿等情况的可能性
27		工程竣工达标验收风险	工程竣工后因各种原因达不到验收标准
28		施工期安全、健康、环境控制风险	施工人员的人身安全和施工现场的财产安全等的风险，施工过程中噪声、粉尘、废水等对当地自然和生活环境造成影响与破坏的风险
29		职员/劳工的健康、安全及劳工上访	社会资本未按照适用法律雇佣职员/劳工，未按时向职员/劳工合理支付报酬，同时社会资本未采取适当的预防措施来保证职员/劳工的健康与安全，未及时投保相关保险
30		材料/设备调配不利	不能及时获取项目支持性工具而导致项目延期或成本超支
31		施工技术水平低下	工艺/技术水平低下造成的成本超支或项目延期风险
32		施工组织与现场管理水平低下	项目施工过程中出现组织管理低效等问题
33		发生合理勘测外的地址问题	如工程建设用地上发现考古文物、化石、石墓及遗址等的情况
34		工程期间遇到不利气候条件	项目建设期间遇到意料之外的天气导致工程延期
35		社会资本放弃或视同放弃建设	社会资本主动提出放弃项目建设或不承担建设责任的可视作放弃建设
36		承包商违约	在合同履行过程中承包商拒绝或者未能完成其合同义务

续表4-1

编号	准则层 B	指标层 C	风险要义
37	运维风险	主要成本因素导致运营成本超支	税费、电费、人工、材料、机械等主要成本因素变动导致运营成本超支
38		社会资本导致运营成本超支	其他原因导致的运维成本超支
39		政府支付风险	政府未及时按照合同将约定好的资金转给交付对象
40		利率变化风险	市场利率变动的不确定性带来的风险
41		运营质量	运营过程中由于技术能力、服务水平低下造成的质量问题
42		运营安全	运营过程中出现安全事故，影响项目正常运营
43		运营效率	未履行运营义务或运营效率低下
44		运维不规范	运维不符合适用法律、行业规范及项目协议的要求
45		外部人为安全隐患	外部人为安全隐患致使公共利益受损、成本增加、运营中断
46		环境污染	运营过程中管理不当导致二次污染
47		绩效考核未及格	项目在分阶段绩效考核中出现未达到规定的情况
48		技术转让	技术转让过程中存在交接不完善、接收方不信任、转让有效性难以测量等问题
49		第三方延误/违约	委托运营的第三方不予履行或拒绝履行合同约定的责任及义务
50	移交风险	项目移交不达标	项目在移交前未达到移交标准
51		移交设备状况不佳	移交保证期内移交设备状况不佳
52		移交期间持续安全服务保障	项目移交分为有形资产的移交和无形资产的移交，针对有形资产未提供充足的维持项目正常运转6个月的相关备品、备件等
53		退出风险	项目终止、变更导致的单方退出风险

续表4-1

编号	准则层 B	指标层 C	风险要义
54	法律和政策变化	上层法律变更	由于颁布、修订或者重新解释法律法规或相关政策，导致项目的合法性、产出服务标准、市场需求等因素发生变化的风险
55		本级政策变更	由于颁布、修订或者重新解释法律法规或相关政策，导致项目的合法性、产出服务标准、市场需求等因素发生变化的风险
56		上级政府资产征用	因上级政府行为使得资源或资产被征收/征用的风险
57		本级政府资产征用	因本级政府行为使得资源或资产被征收/征用的风险
58		政府导致的审批延误	由于政府决策程序不规范，工作人员能力不足，前期准备不充分，信息不对称导致项目审批延误的风险
59		社会资本导致的审批延误	因社会资本前期资料等准备不充分导致项目审批延误的风险
60		土地获取风险	土地使用权获得困难，获得的时间成本超预期，从而影响项目总投资和工期的风险
61		税收调整	中央或者地方政府的税收政策变更使得总成本费用增加或减少的风险
62		项目合规性	项目在中标后出现不符合法律规范、政策的情况
63		行业及地方标准变更	在项目运行过程中，地方/行业标准发生变更，影响项目的顺利运行
64		运营管理要求提高	对运营管理要求提高，导致必须投入改造费用或增加运行成本
65		本级政府失信	因政府违约导致无法履行合同条款的风险
66		民众抵制	项目开展过程中因为民众的抵制而影响项目的顺利进行
67		稳定性风险	合作区域内社会稳定性风险
68	不可抗力	自然灾害、战争、瘟疫和突发事件等	合同订立时不能预见、不能避免且不能克服的客观情况，包括自然灾害（如台风、地震、洪水、冰雹）、政府行为（如征收、征用）、社会异常事件（如罢工、骚乱）

依据 4.2.1 节中的风险分配原则以及实施方案中已有的风险分配策略,分析同一风险在不同咨询公司方案中应当如何在政府和社会资本间进行分担,得出前期工作风险、法律和政策变化风险主要由政府承担,融资风险、设计风险、建设风险、运维风险、移交风险主要由社会资本承担,不可抗力风险由双方共担。具体风险分配见表 4-2。

表 4-2　五种实施方案下风险分配偏好的比较分析

编号	准则层 B	指标层 C	咨询公司 A	咨询公司 B	咨询公司 C	咨询公司 D	咨询公司 E
1	前期工作	规划调整风险	政府				
2		项目报审风险	政府				
3		项目配套安排风险	政府				
4		项目公司设立风险	共担				
5	融资风险	社会资本融资成本超过预期	社会资本	社会资本	社会资本	社会资本	
6		社会资本未能及时完成融资交割	社会资本	社会资本	社会资本	社会资本	
7		社会资本未能完成项目所需融资	社会资本	社会资本	社会资本	社会资本	社会资本
8		政府资本金筹措风险	政府				
9		除资本金外的资金筹措(债务融资)	社会资本				
10		利率变动			共担	共担	社会资本
11		通货膨胀风险				共担	社会资本
12	设计风险	设计文件缺陷	社会资本	社会资本	社会资本	政府	
13		社会资本要求的设计更改	社会资本	社会资本		社会资本	社会资本
14		政府要求的设计更改	政府	政府		政府	共担
15		合作区域城市规划、产业定位不合理					共担
16		区域规划调整					共担

续表4-2

编号	准则层B	指标层C	咨询公司A	咨询公司B	咨询公司C	咨询公司D	咨询公司E
17		供地风险	政府				
18		土地征用			政府		政府
19		土地征收在地方政府权限内的协调风险		政府			
20		土地征收在地方政府权限外的协调和审批风险		共担			
21		土地征拆补偿支付		社会资本			政府
22		因社会资本导致的建设成本超支	社会资本	社会资本	社会资本	社会资本	社会资本
23		人工/材料/机械价格变化	共担		共担		
24		因社会资本导致的工程整体完工进度风险	社会资本	社会资本	社会资本	社会资本	社会资本
25		因政府导致的工程整体完工进度风险		政府			政府
26		工程整体质量控制风险	社会资本	社会资本	社会资本		社会资本
27	建设风险	工程竣工达标验收风险	社会资本				
28		施工期安全、健康、环境控制风险	社会资本	社会资本	社会资本	社会资本	
29		职员/劳工的健康、安全及劳工上访		社会资本			
30		材料/设备调配不利			社会资本	社会资本	
31		施工技术水平低下			社会资本	社会资本	
32		施工组织与现场管理水平低下			社会资本		
33		发生合理勘测外的地址问题（如工程建设用地上发现考古文物、化石、石墓及遗址等的情况）	共担	共担	共担		
34		工程期间遇到不利气候条件	社会资本				
35		社会资本放弃或视同放弃建设		社会资本			
36		承包商违约		社会资本			

续表4-2

编号	准则层B	指标层C	咨询公司A	咨询公司B	咨询公司C	咨询公司D	咨询公司E
37	运维风险	主要成本因素导致运营成本超支	政府	共担	共担		共担
38		社会资本导致运营成本超支	社会资本	社会资本		社会资本	社会资本
39		政府支付风险	政府				
40		利率变化风险	共担				
41		运营质量	社会资本	社会资本	社会资本	社会资本	社会资本
42		运营安全	社会资本	社会资本	社会资本	社会资本	社会资本
43		运营效率		社会资本			
44		运营维护不规范		社会资本	社会资本		
45		外部人为安全隐患			社会资本		
46		环境污染	社会资本				共担
47		绩效考核未及格		社会资本			
48		技术转让		社会资本			
49		第三方延误/违约		社会资本	社会资本	社会资本	
50	移交风险	项目移交不达标	社会资本				
51		移交设备状况不佳		社会资本			
52		移交期间持续安全服务保障	社会资本				
53		退出风险					共担

续表 4-2

编号	准则层 B	指标层 C	咨询公司 A	咨询公司 B	咨询公司 C	咨询公司 D	咨询公司 E
54	法律和政策变化	上层法律变更	共担	共担	共担	共担	
55		本级政策变更	政府	政府	政府		
56		上级政府资产征用		共担			
57		本级政府资产征用				政府	政府
58		政府导致的审批延误			政府	政府	政府
59		社会资本导致的审批延误			社会资本		
60		土地获取风险				政府	共担
61		税收调整				共担	共担
62		项目合规性				政府	
63		行业及地方标准变更				政府	
64		运营管理要求提高					共担
65		本级政府失信				政府	政府
66		民众抵制				政府	
67		稳定性风险					共担
68	不可抗力	自然灾害、战争、瘟疫和突发事件等	共担	共担	共担	共担	共担

根据上述风险分配原则以及各实施方案的汇总，建议项目设计、建造、财务、运维等商业风险由社会资本承担，项目本级政府权限内的法律政策、最低需求等风险由政府承担，不可抗力风险、超出地方政府权限的法律政策风险等由政府和社会资本合力共担，部分由于政府或者社会资本单方面原因而产生的风险由责任方承担。

4.2.2.1 工程前期工作风险

在项目前期工作中，即在项目公司正式成立之前，主要由政府负责项目前期的规划、审批、协调等工作。工程前期工作风险主要包括宏观层面的规划调整风险，关于项目自身的报审风险、配套安排风险，以及双方合资建立项目公司的风险。前期工作准备稳妥与否将会直接决定项目能否顺利进行。

4.2.2.2 融资风险

政府和社会资本分别负责各自的资本金筹措，资本金以外的债务融资由项目公司负责筹措。如果项目公司不能顺利筹措，则由社会资本提供必要的支持，以确保项目公司的融资及时到位。政府不承担项目融资担保责任。

值得注意的是，利率变动和通货膨胀风险在不同的实施方案中有着不同的分担偏好，或是共担，或是社会资本承担，这需要根据项目的具体特征进行分担规划。

4.2.2.3 设计风险

项目由社会资本选择设计单位负责设计工作，其设计文件经批准后执行。本着责任方负责的原则，项目施工建设中政府提出的设计优化及工程变更，由政府承担工程变更风险，并就该变更导致的成本费用增加给予社会资本相应的补偿；由社会资本提出的设计优化和工程变更，社会资本应就项目设计优化内容报政府审批通过，同时社会资本应加强施工建设过程中设计优化及工程变更管理，并对项目优化设计中出现的任何缺陷负全部责任。

值得注意的是，针对政府要求的设计更改带来的风险，虽然多数实施方案将其归为政府负责，但也有将其判为风险共担的，这需要根据项目的具体特征进行分担规划。

4.2.2.4 建设风险

建设期是工程项目可识别出较多风险因素的阶段。笔者总共得出20个建设风险因素，风险主要由社会资本承担。在风险分配中，除了在土地征拆补偿支付中有差异，各实施方案的风险承担方分配基本一致，说明关于建设风险的分配，典型的风险分配方案基本已经达成一致意见，其分配意见可供其他项目准备时参考。

4.2.2.5 运维风险

项目进入运营期之后，风险在政府各单位与项目公司之间分配。运维的关注点主要集中在运营质量和绩效考核这两大方面，更多的是由社会资本接管，因此在此阶段遇到的风险，多是由社会资本承担。但不排除特殊事项，在运维风险分配中依旧本着责任方在谁就由谁承担的原则。同建设风险一样，这五大实施方案在运维风险分配中意见基本一致，可供其他项目准备时参考。

4.2.2.6 移交风险

项目在移交期间，项目移交不达标风险、移交设备状况不佳风险以及移交期间持续安全服务保障风险由社会资本承担，退出风险根据责任方归责进行分担。由于PPP模式在我国兴起的时间较短，现进入移交阶段的项目较少，多是以学术理论和少量案例为基础,分析识别出移交风险并根据风险责任方进行分配。

4.2.2.7 法律和政策变化风险

法律和政策的变更可能造成项目成本增加,严重的可能造成项目失败或被迫中断等,也可能因政策鼓励为项目带来相关补贴或降息,节省项目成本支出。此外,我国 PPP 实践时间还不长,现有 PPP 立法层级较低、效力差,在实践中不断出现新的问题,预期会对 PPP 项目产生较大影响。

通常源于本级政府的政策变化风险由政府承担,源于本级政府以上的法律和政策变化风险,部分特殊事件需要根据实际情况由各方共担,比如土地获取风险有人认为由政府承担,也有人认为需要双方共担。

4.2.2.8 不可抗力风险

不可抗力风险根据实际情况由各方共担。在工程项目运行期间,因此类风险无法预见且不可控制,本书提供的典型实施方案中均采取政府和社会资本共担的模式。

4.3 RBS 模式下动态风险管理

基于 WBS 的工程项目阶段划分,结合 RBS 风险源分解模式,4.2 节已经给出较为完善的风险分解及分配原型。需要注意的是,RBS 模式下的风险分配原型是在工程项目实施前就已经初步整理出的,属于工程项目事前规划,整个体系已经基本囊括大部分工程项目在生命周期中可能遇到的风险因素,并根据风险分担的 5 个原则给予多数情况下的风险分配偏好。

但在实际运行过程中,由于各种因素的干扰以及特定项目的特定情况,风险分配倾向并不是固定不变的,它将随着再评估、再分配、再应对流程进行多次风险分配优化,以达到与特定项目风险管理极大契合的目的。具体来说,RBS 模式下的风险可按照以下 11 条准则进行动态管理。

准则 1:风险分配应当随时间的推移而变化。

在项目生命周期中,风险具有不确定性。根据第 3 章提出的假设二得知,项目风险具有时间属性,因而合同初始规定的风险分配方案可能不适用于当前项目。随着时间的推移,项目不断进行,风险会沿着时间路径逐步显现,与项目初期的预测风险具有较大差异。当风险发生与预测的情况不同时,项目公司无法按照初期方案分配风险,而是根据风险实际状况重新分配风险应对主体及应对方案。因而,风险分配会随时间的推移而产生变化。

准则2：风险分配应当随风险应对措施的改变而变化。

风险具有动态性，风险应对措施会影响风险的最终分配。风险应对措施通常为规避风险、接受风险、降低风险和分担风险。参与方进行风险应对时，可能会将风险进行转移，例如在PPP项目通过转移到保险代理机构或与其他公司分担风险来降低风险，但这样的成本较高，项目公司在分配初期若与当地政府谈判将部分风险分配给政府承担，可实现共同承担风险。若采取保险公司转移风险这样的措施，则风险便不分配给当地政府，由项目公司承担。因而，风险分配会随着风险应对措施的改变而产生变化。

准则3：风险应对措施会随该风险被分配主体的能力变化而变化。

根据第3章提出的假设四可知，风险由不同主体承担时，其大小与概率会发生变化。当风险的大小和概率发生变化时，风险应对措施也会随之产生变化。不同的主体对同样的风险的承受能力是不同的。风险承受能力的大小与收益的大小、投入的大小、项目活动主体的地位和拥有的资源有关。风险承担主体能力越强，风险应对难度越低，其应对措施相应比主体能力弱的一方更简单。因而，风险应对措施随承担主体能力的变化而变化。

准则4：风险可能发生的时间越晚，在分配时越应当原则化，且留有一定余地。

在项目准备和识别阶段，预测识别出的风险占据整个项目生命周期。但越接近预测时间，风险越明确；发生时间越晚，风险越模糊。因而，当风险发生时间距离风险分配时间较远时，只能按照相似项目或项目人经验进行理论分配，更多是按照风险分配原则进行责任划定，但也因此会界定得较为模糊，方便后续根据项目实际情况重新分配。相反，二者相距时间越近，风险分配方案会结合项目详情而越明确，分配主体责任越明晰。

准则5：当风险无论采取何种应对措施都会超过社会资本的承担上限时，该风险应返由政府承担。

根据风险分配的基本原则，当某一项目参与主体在管理某项风险时获得了最大经济利益，则该风险应由这一主体承担，以及根据实际情况归属风险责任。当根据这些原则判断社会资本作为某项风险承担方时，需考虑社会资本的承担上限。在风险分配时承担的风险不能超出其可控范围与可承受范围。社会资本作为投资者自身结构较为薄弱，当承受无法应对的风险时，有可能引发社会资本的退出止损从而影响双方的合作机制。因而，政府作为能力相对较强的主体，当社会资本无论采取何种措施也无力应对某项风险时，该风险需重新分配交由政府承担。

准则6：风险在评估时应当考虑应对措施带来的影响。

根据第3章提出的假设三可知，风险评估会受到风险应对措施的影响。在进行初期风险评估时,通常根据已有项目经验进行潜在风险的判断、确认和归纳,但却忽略了风险应对措施的不同,可能会产生新的风险或影响风险的大小。风险之间具有关联性,而某类风险的应对措施可能有多种选择。优秀恰当的应对措施会减轻风险的影响程度甚至削减其他风险;相反,不当的应对措施则会扩大风险影响甚至产生新的风险。因而,在风险评估阶段需要将应对措施带来的影响纳入评估要素。

准则7:风险分配时应当考虑主体能力的变化,风险分配应随主体能力变化而变化。

一个显然的事实是,PPP项目参与各方作为风险承担的主体,其承担风险、应对风险的能力会随时间的推移而发生变化。这种变化可能由政府领导人的更替、企业规模的增长或萎缩导致,主体能力会随之增强或减弱。基于第3章提出的假设二,风险会随时间变化而变化,所以可以得出推论:风险分配时应当考虑主体能力的变化,风险分配应随主体能力变化而变化。也就是说,在进行风险分配时应当考虑可能出现哪些会导致主体能力变化的情形,例如领导人换届、企业规模增长等。

准则8:风险分配的结果会影响社会资本对其二级承包商的风险再次分配或转移。

根据第3章提出的假设四,风险由不同主体承担时,其大小与概率会发生变化。由此容易推断出,如果社会资本承担了一类会导致风险程度增大或概率增大的风险,则其在项目建设或运营过程中必然会将某些风险转移到二级承包商身上,这种情形缘于初次风险分配带来的延续性影响。同时,这也可以理解为基础设施建设、运营、使用所产生的外部性的一种体现。某些创新性的风险应对方法可以考虑作为风险应对措施,如"PPP+REITs"等风险分散措施。

准则9:风险分配时应当考虑风险回流问题。

首先,风险回流的概念应当在动态管理的视角下被定义,即风险分配没有得到预期的结果,政府或社会资本把本来分配给自己一方承担的风险以某种方式推卸给了对方。风险回流大致可以分为两种情形:一种是某种社会资本承担不了的风险错误地分配到了社会资本身上,在其确实没有能力承担时,溢出的风险会回流到政府;另一种是本来分配给政府承担的某种风险,但由于中标社会资本为国有企业,因其与政府之间存在隶属关系而被政府通过行政命令或其他形式回流给社会资本。

准则10:风险预期发生时,其持续时间的长短应当在风险分配时考虑在内。

根据第3章提出的假设二和假设三,风险在评估时应当考虑风险应对措施的影响。毫无疑问,选择风险应对措施时不得不考虑风险一旦发生,其持续时间的长短。某种预期持续时间较长的风险,其应对可能会倾向于自行承担等方式;而某种预期持续时间较短的风险，其应对通常会选择购买保险等风险转移措施。

准则11：在风险分配时，政府与社会资本双方合作关系的变化应考虑在内。

一个显然的事实是，政府和社会资本作为PPP项目至关重要的双方，二者之间合作关系的紧密程度会影响到对某些风险的应对，如不可抗力等在实践中多由双方共担的风险。如果政府和社会资本合作关系比较密切，那么在多数需要双方协商的场合沟通效率会增加，沟通成本会减小，这显然对风险应对会产生有利影响。在PPP项目漫长的生命周期内，无论是政府还是社会资本都可能发生人事、制度等方面的变动，种种变动给双方合作关系带来的影响在风险分配时则不能不被考虑在内。

5 PPP 项目风险回流及应对

自 2014 年起，PPP 模式在中国基础设施建设中发挥了重要的作用，中国式政企合作也呈现出了丰富多样的表现形态。在 PPP 项目风险管理这一核心事项中，风险回流（未有效实现风险转移，风险发生后部分或全部回流至政府）是当前政府管理政企双方长期合作中风险的重大挑战。风险回流破坏了 PPP 模式的物有所值，甚至可能会给政府造成大规模支付压力或导致项目失败。因而，基于政府视角进行 PPP 项目风险回流止逆研究具有较高的价值，这关系到政府推动 PPP 模式在基建领域中广泛应用的综合效果。

基于上述背景，本章立足政府视角，针对 PPP 项目风险回流展开相关研究。本章主要的研究问题包括 4 个：①基于政府视角的关键风险因素；②项目风险回流是否存在，影响如何；③风险回流发生路径及原因；④风险回流如何止逆。以下的内容将尝试回答上述的研究问题。

5.1 PPP 项目风险回流的现状分析

5.1.1 研究内容

5.1.1.1 研究问题

为探究中国 PPP 项目风险回流问题，本研究的内容主要包括以下四点，并列明了一些研究目标。

Q1：PPP 项目风险因素及其含义是什么？
（1）总结 PPP 项目区别于其他行业项目的特点。
（2）梳理 PPP 项目政府机构的管控路径。
（3）识别基于政府主体视角 PPP 项目风险的种类及含义。
Q2：PPP 项目风险回流是否存在，影响如何？

(1) 验证PPP项目风险回流的存在。

(2) 明确风险回流发生时对目标项目及政府主体产生的影响。

Q3：PPP项目风险回流的原因及回流途径有哪些？

(1) 分析PPP项目发生风险回流的原因。

(2) 揭示PPP项目风险回流的主要途径。

(3) 构建PPP项目风险回流框架模型。

Q4：PPP项目风险回流如何止逆？

针对不同风险回流路径探究规避回流对策。

5.1.1.2 研究方法概述

为了实现研究目标，采用的研究方法主要有：

(1) 文献研究法（Literature Study）。

文献研究法是通过与研究主题相关的学术资料，整理归纳出确定要分析的文献，把每一篇文献的所有要点和主要观点都记下来，然后，从分析的文献中归纳出相似的要点和观点，最后提炼出不同的主题。本研究将利用文献研究法对当前水环境综合治理类PPP项目风险因素进行初步识别。

(2) 问卷调研（Questionnaire Survey）。

本研究通过问卷调研收集数据，调查对象为PPP项目咨询顾问。虽然地方政府人员似乎是获取数据的明显来源，但在数据获取时直接询问政府人员存在一定壁垒，而PPP项目咨询顾问持续深入地为政府提供服务，因此本研究对风险因素及风险分配现状的调查主要针对参与过PPP项目的咨询顾问，受访咨询顾问主要来自PPP咨询机构及合作单位咨询机构。

(3) 案例研究（Case Study）。

采用案例研究来分析在实体项目中风险为何回流、如何回流，又有怎样的影响。PPP项目的风险转移具有高度的个体化特点，而现实中的项目案例可以帮助识别最佳实践和吸取的教训。

(4) 访谈调研（Interview survey）。

本研究利用访谈调研来确定通过文献研究梳理获得的风险因素清单，在归纳风险回流原因及探索风险回流止逆对策时，访谈调研可帮助获取部分不可量化的定性数据。

(5) 演化博弈（Evolutionary Game）

演化博弈又称有限理性博弈。有限理性意味着参与者从一开始就不能找到最优策略，他们会尝试通过反复试验来改进他们的行动选择。本研究拟通过演化博弈来构建风险回流的理论模型，确定政府与社会资本之间是否存在单一的演化稳定策略，并基于演化模型尝试探索风险回流止逆的对策。

5.1.2 文献述评

5.1.2.1 风险转移实际水平

Hood 和 Frazer（2006）对风险转移的实际水平持怀疑态度，他们认为存在一定比例的项目采用 PPP 模式在执行过程中并未将适当风险有效转移给私人资本方[96]。Khadaroo（2014）基于北爱尔兰的两个 PPP 项目提出了关于风险转移程度的问题，发现风险转移和 VFM 是非常主观的过程，PPP 项目的财务顾问不乏会乐观地估计风险，导致采用 PPP 模式似乎比传统采购更具吸引力[81]。

5.1.2.2 风险分配不当影响风险转移效果

在实践中，风险分配仍然是主观的和直观的。值得注意的是，PPP 参与者对风险的评估可能非常不同。随着时间的推移和项目的开展，风险信息的评估结果可能会发生变化。而风险的反复来回流动和转移只会导致项目价格的上升和最终项目失败。即使是现在，实践中项目的谈判也可能很少涉及风险识别和分配，风险管理责任可能只在项目合同中含糊地涵盖（Lossa 和 Martimort，2016）[97]。

总的来说，风险分配的趋势是从项目发起人开始，将尽可能多的风险转移到主承包商身上，而主承包商反过来又设法将风险转移到分包商及其子分包商身上。风险初始分配倾向于将风险转嫁给那些最无力承担风险的一方，也就是最无力抵消风险的一方。如果项目开始失败，这些风险就会被重新分配给主承包商，并最终回转至项目发起人，也就是政府，此时已经失去了解决问题的机会。

5.1.2.3 机会主义影响风险转移效果

在 PPP 项目中，由于政府和社会资本的目标不一致，社会资本倾向采取机会主义行为，可能会对公共利益造成损害，为防止机会主义造成损害，可以以"激励为主、监管为辅"来保障 PPP 模式的健康合作（梁彦红和陈怀泽，2019）[98]。

5.1.2.4 国情影响风险转移效果

央企、地方国企等公有制经济主体和民企、外企等非公有制经济在市场上展开竞争，享有隐形补贴的国企的参与使得风险转移效果受到显著影响。当下国家虽然出台了相关法律政策规范 PPP 项目的运作与执行，但在风险分担上指导意见仍然较为宽泛和模糊，国企作为社会资本参与 PPP 项目时，因股权或控制权等的存在，致使许多风险不可避免地以更高的成本又转移给政府。

5.1.3 基础理论概述

5.1.3.1 委托代理理论

政府委托企业代为生产基础设施产品或提供公共服务，彼此之间形成委托代理关系，政府和企业分别是委托人和代理人。PPP模式也是委托代理理论（PAT）的一种运用，同时又对纯粹的委托代理关系做了改进。政府和社会资本作为项目公司的股东，虽然股份和控制权不同，但同时享有项目的建设运营权，且双方通过PPP协议形成了约束关系，能够更直接地参与项目的建设和运营。

在PPP项目中，政府作为委托人，而社会资本作为私人投资者。在现实中，社会资本很难承诺以低价来承担高风险，即便社会资本是该风险最合适的管理者。在这种情况下，政府如果无法为这些风险的承担提供足够的激励，即使政府可能不擅长管理此类风险，但其可能仍然承担这些风险。其结果是，一系列风险可能得不到有效分配，或者分配给最适合管理该类风险的一方但最终回流给政府承担。其关键原因在于政府拥有最少的信息，但是社会资本拥有足够的信息，双方信息保持不对称状态。此外，由于政府的目标是项目收益（经济效益、社会效益、环境效益）最大化，而社会资本关注的是自身的经济收益，目标不同，双方的利益也存在冲突。由于委托代理问题的存在，PPP项目的风险转移并不总是有助于有效管理，冲突的协调和双赢局面（Win-Win Situation）的实现对双方的合作至关重要。此外，激励被认为是解决这一问题十分有效的措施之一。在PPP项目治理中，将委托代理理论引入决策依据中，可以促进政府选择优质的社会资本，且促进双方协同合作的有效性。

5.1.3.2 不完全契约理论

大多数经济活动都需要签订契约。契约是一个重要的平台，它可以确保未来的交易计划以及所有潜在的偶发事件、责任和风险得到适当的约定。过去关于契约的研究表明，契约可以是完全的，也可以是不完全的。完全契约是约定了未来任一时间节点和状态下每个缔约方的权利和义务的合同。换句话说，一份完全的契约永远不需要修改、重新谈判或签署额外补充协议，也不存在逆向选择或道德风险的空间（Saussier, 2000）[99]。

反之，如果一份合同未能事先阐明各方对每一项意外事件的要求、责任和义务，且合同条款存在漏洞、条款缺失和含糊不清，则称其为不完全契约。从理论上讲，包括PPP项目合同在内的诸多契约都是不完全的。

Ya Zhuo和Fan（2011）提出，不完全契约的交易成本比完全契约低[100]。

其基本原理是，通过排除某些被认为无关紧要的或有事项，双方可以将交易成本降至最低，同时也可以加快合同的起草过程。对于在整个延长的合同期限内存在很多不确定性的合同，比如 PPP 项目合同，它提供了必要的灵活性来处理环境的复杂性和不确定性。此外，在整个合同期间，双方可能会面临许多变化，例如政策、技术、市场需求等的变化。虽然不完全契约的使用是不可避免的，但缔约双方必须意识到不完全契约的许多负面影响可能会影响项目的成功。包括 Guasch（2000）[101]在内的许多学者的研究都强调，不完全契约可能会使缔约双方面临机会主义行为的风险，即道德风险、逆向选择、拒绝合作、失调、重新谈判。

对于政府来说，不完全、不充分的风险分配契约本质上也是一种对于风险承担意愿和风险止损后果的初始归责安排。但就 PPP 项目所承载的民生公益产出要求来讲，初始的风险分担安排非常必要，却也相对无力。

5.1.3.3　项目治理理论

在最早的定义中，治理被描述为经济交易中两个参与者的参与，这需要他们监控交易，保护每一方的利益，并实现最有效的价值共享。在项目中，治理被定义为一个多层次的现象，包括母公司的管理组织，任何承包商或供应商和项目，以及它们之间的关系。与此类似，Muller 等（2016）定义了项目治理，描述了项目参与者之间的交互、采用的机制会严重影响涉众的参与以及其对项目的信任[102]。这些定义阐明了治理和涉众之间存在的强大联系。

在 PPP 项目中，良好的治理对于吸引社会资本参与公共服务的提供至关重要，政策制定者在决定 PPP 项目的发展方面具有主导作用。项目治理结构的设置有助于建立 PPP 项目中涉及的所有内部和外部涉众之间的关系。首先，对于组织而言，这包括组织单位、结构和协调机制。其次，在管理方面，为管理业务变更、运营服务以及它们所行使的权力和权限范围建立角色和职责。最后是决策业务变更投资的策略和框架。

风险也是项目治理的一个组成部分，因此应该嵌入管理中，PPP 领域的许多研究也对风险进行了研究，如 Abednego 和 Ogunlana（2006）以及 Akintoye 等（2002）所做的工作。这些研究成果为后续 PPP 项目风险评估、分配和管理框架的构建奠定了基础。

5.1.3.4　公共物品理论

依据萨缪尔森（Samuelson）的公共物品理论，公共产品是非竞争性的、非排他性的，边际成本为零，不影响他人使用[103]。然而，这种对公共产品的定义是一种极端的情况。事实上，公共产品具有以下特点：

(1) 不完全竞争。

美国经济学家布坎南（Buchanan）所称的俱乐部产品介于私人产品和公共产品之间。而其特点之一就是非竞争性，即在用户数量的临界点内，个人用户对俱乐部的消费不会影响到其他人的使用，但一旦超过临界点就会出现拥挤，那么非竞争性就会消失。第二个特点是地方性的排他性，即俱乐部的产品不专属于俱乐部成员，但也不专属于非会员。因此，准公共产品并不完全是非竞争性的或非排他性的，其特征是介于私人产品和公共产品之间。长期以来，公共物品的供给是政府负责的，体现的是政府的责任范畴，但由于政府自身财政压力的限制以及公共产品存在被过度消耗的风险，政府往往在提供公共产品时无法保障效率和质量。

(2) 正外部性。

正外部性是指收入溢出，即在生产或消费行为中对他人的利益产生影响，但没有获得适当的报酬。而负外部性实际上是成本溢出，在上述过程中没有支付。正外部性表现为使用产品的社会收益大于私人收益，从而使产品需求下降。经济学家认为，外部性的存在会导致市场失灵，外部性内部化是提高市场效率的好方法。

由公共物品的供给逻辑可知，即便通过PPP模式转移项目风险，但一旦项目失败，为市场失灵买单的仍然是政府。因此，为了避免PPP模式下的市场失灵，政府必须切断或减少风险回流，以期实现公共物品本身的公益属性。

5.1.3.5 演化博弈论

演化博弈论起源于生物学家Smith和Price（1973）[104]。有学者将演化博弈论应用到有限理性的人类行为上，并在建立动态系统与纳什均衡之间联系方面发挥了重要作用。

演化博弈论中的关键概念是演化稳定策略与复制动态方程。演化博弈论的中心思想：演化博弈论的研究对象是针对"种群概念"的，如果某部分个体所追求策略的整体效益小于种群的平均效益，随着时间演化，这部分和种群策略有异的个体效益所占的比重会越来越小。若个体所选择的策略效益趋向于种群平均效益，该比重会保持稳定。

当PPP项目风险发生后，政府和社会资本在关于风险的转移和治理管控方面也会进行非理性、非对称的博弈，在博弈过程中，双方会根据风险发生时的不同损益状态进行策略选择和调整，从而寻求最稳定和良性的合作。对这个过程进行演化分析有助于探索PPP项目风险管理时如何采取有效策略降低风险回流的影响。

5.2 PPP项目典型风险因素分析

在项目各方之间分配风险之前,确定所有可能与项目相关的风险显然很重要。风险共担是PPP过程中十分有价值的特征之一。它有助于避免社会资本低估项目整个生命周期的真实风险和成本。对于项目发起人来说,了解所有相关风险是决定是否继续项目的关键。对贷款机构来说,项目融资的风险分配方式意味着必须将注意力集中在具体细节和已识别的风险上,而不是依赖采购机构或担保人的简单担保。在研究风险回流时必须研究PPP项目的上述属性并对风险种类进行梳理,针对风险回流类别的考量,则要紧贴项目属性特点进行分辨和分析。

5.2.1 基于政府视角的风险因素识别

风险管理的第一步是风险识别,包括识别项目中潜在的风险事件和明确风险责任。经过广泛的文献综述和内容分析,本节最初确定了19个PPP项目风险因素,即政治风险、法律风险、需求风险、环境风险、市场风险、设计风险、技术风险、土地获取风险、融资风险、建设风险(成本工期)、基础设施配套风险、运营风险、收益不足风险、费用支付风险、合同风险、竞争风险、组织协调风险、社会资本信用风险、信息不对称风险。

为了从政府的视角识别风险,本书对部分风险因素的内涵进行了重新表述。为了确定所提供的清单是否全面,以便对中国PPP项目的风险回流现象进行分析,笔者开展了一项涉及6名PPP项目咨询顾问的调查,受访者认为所提供的清单包括主要风险,并补充了2个风险——机会主义风险和不道德行为风险。综上列明的21项风险因素及其含义见表5-1。

表 5-1 基于政府视角的风险因素识别

序号	风险类别	风险因素	风险含义
1	外部风险	政治风险	由政府对PPP缺乏认知、政府人员变动、政府干预、征用造成的风险
2	外部风险	法律风险	法律制度不完善、法规变更或相关法律缺失等所产生的风险
3	外部风险	需求风险	市场竞争、宏观因素、社会环境、人口变化等多种原因引起的,涉及污水处理等需求变化的风险
4	外部风险	环境风险	因环境退化、污染或者项目对环境造成影响而给项目带来的风险
5	外部风险	市场风险	通货膨胀风险、货币购买力下降风险、利率变动风险
6	项目风险	设计风险	设计不当带来的风险和设计变更带来的问题
7	项目风险	技术风险	与项目的技术方面(如工程和设计)相关的风险
8	项目风险	土地获取风险	土地所有权获得困难、土地取得成本和时间超过预期,使得项目成本增加或项目延期
9	项目风险	融资风险	融资结构、金融市场、项目融资难等方面的风险
10	项目风险	建设风险(成本工期)	与施工延误、设计变更、成本高于预期和施工质量低下有关的风险
11	项目风险	基础设施配套风险	项目相关的基础设施不到位对项目进度等造成的损失
12	项目风险	运营风险	与项目顺利运行相关的风险包括延迟、较高的生产成本、水质和较低的维护费用
13	项目风险	收益不足风险	由于PPP产品或服务收费过高、过低或者收费调整不弹性或不自由导致项目公司的运营收入不如预期
14	项目风险	费用支付风险	基础设施项目的经营状况或服务提供过程中受其他因素影响,导致用户(或政府)费用不能按期按量支付
15	项目风险	合同风险	合同文件出现错误、模糊不清、设计缺乏弹性、文件之间不一致,包括风险分担不合理、责任与义务范围不清等风险
16	项目风险	竞争风险	采购过程中不公平竞争、招标过程不透明、投标人数量不足、投标方式不当等风险
17	代理风险	组织协调风险	合作与协调中权力分配不足所带来的风险
18	代理风险	社会资本信用风险	当事人不履行合同约定的责任所产生的风险以及与当事人能力不足有关的风险
19	代理风险	信息不对称风险	由于信息不对称,双方缺乏信息共享带来的风险
20	代理风险	机会主义风险	社会资本或政府的机会主义行为带来的风险
21	代理风险	不道德行为风险	政府或社会资本不道德行为的风险,对项目结果产生相反影响

5.2.2 基于政府视角的风险因素重要性分析

本节通过德尔菲问卷调研（详见附录一），获得了受访者（PPP项目咨询顾问）基于政府视角对21个风险因素各自相对重要性的感知。在风险评估中，某一特定风险因素的风险影响等级是由其关联风险概率与其关联风险严重程度来计算的，公式为：

$$风险影响 = \sqrt{发生概率 \times 严重程度 \times 100}$$

结果见表5-2，融资风险、建设风险、环境风险、收益不足风险、信息不对称风险是21个风险因素中影响最显著的五大风险。

表5-2 基于政府视角风险因素影响排序

序号	风险因素	发生概率（%）	严重程度	风险影响	排序
1	融资风险	4.1	4.2	4.1	1
2	建设风险（成本工期）	3.5	3.8	3.6	2
3	环境风险	3.4	3.8	3.6	3
4	收益不足风险	3.5	3.6	3.5	4
5	信息不对称风险	3.7	3.3	3.5	5
6	运营风险	3.6	3.3	3.4	6
7	不道德行为风险	3.0	3.7	3.3	7
8	机会主义风险	3.3	3.3	3.3	8
9	市场风险	3.2	3.4	3.3	9
10	社会资本信用风险	3.1	3.4	3.2	10
11	技术风险	2.9	3.6	3.2	11
12	合同风险	2.9	3.5	3.2	12
13	设计风险	2.8	3.6	3.2	13
14	竞争风险	3.5	2.8	3.1	14
15	费用支付风险	2.6	3.2	2.9	15
16	政治风险	1.8	4.3	2.8	16
17	法律风险	1.9	3.4	2.5	17
18	组织协调风险	2.5	2.5	2.5	18
19	土地获取风险	2.0	3.1	2.5	19
20	需求风险	2.2	2.8	2.5	20
21	基础设施配套风险	1.7	1.9	1.8	21

基于问卷调研结果，本研究对受访的 PPP 项目咨询顾问进行了访谈，对于排序在前五的关键风险因素重要性阐释如下。

5.2.2.1 融资风险

在列明的清单中，风险影响排在第一位的是融资风险。2017 年下半年开始，中国开始规范 PPP 项目运作，整体金融环境处于收紧状态，项目投资额较大，单纯依赖政府付费的项目占比大，金融机构对 PPP 项目持审慎态度。政府管控政府债务，金融机构对于民企的项目支持力度较弱，对于国企、央企又有额度限制，总体放贷偏谨慎。

值得政府注意的是，虽然通过 PPP 合作协议的风险分配安排，融资风险通常都由社会资本承担，然而由于 PPP 项目尤其是治理类项目的公益性质，政府需要承担项目失败的兜底责任，因而通过风险分配转移给社会资本承担的融资风险仍可能出现不同程度的回流。如 TW 污水处理项目，TB 市政府违背"天下没有免费午餐"的基本常识，将项目合作权授予了承诺"政府零出资"的社会资本，但随后由于各种原因出现财务危机的 TW 污水处理公司以各种理由不断向政府寻求资金援助。考虑到项目的重要性，并基于不可推卸的兜底责任，TB 市政府不仅先后指派了数家国有企业与国有机构向项目公司注入巨额股权资本，还运用各种政治影响力帮助其进行债务融资。最终 TB 市政府对该项目的实际出资额高达约 3000 亿新台币（占投资额 80% 以上），大部分风险事实上仍由政府承担。

5.2.2.2 建设风险（成本工期）

建设风险被确定为 PPP 项目第二大风险。建设风险通常被认为是影响项目施工成本、时间和质量目标的事件。尽管大多数施工风险都是社会资本的独家责任，但从政府的角度来看，这些风险也很重要。研究发现，在 PPP 项目中，项目延期对政府来说是不可取的结果，因此对施工风险的管理十分重要。

5.2.2.3 环境风险

在以往关于我国 PPP 项目风险的研究中，环境风险尚未被确定为重要风险。例如 Chan 等（2011）将环境风险列为 34 种风险中最不显著的一种。然而，本研究的结果表明，从政府视角来看，环境风险在建设和运营阶段都是显著的。从访谈中发现，部分项目后期的环境风险主要与流域水质污染水平的上升有关，这会增加治理成本。调查发现，社会资本不愿承担与处理严重污染的水有关的费用，因此最后风险可能落在政府身上。

此外，社会资本排放不符合标准的污水也会带来环境风险。访谈结果显示，由于信息不对称，当政府对项目标准了解不足或没有进行适当的评估时，就会出现社会资本投机不遵守要求的问题。访谈结果还表明，当新环境标准实施或现行环境标准发生变化时，环境风险就会产生，这可能会导致施工风险或运营安全风险。政府可能需要通过补偿社会资本，来使其承担这些环境风险的后果，因此它们是政府需要做准备的重要风险。

5.2.2.4 收益不足风险

项目公益性较强，经营性收益较少，多依赖政府的可行性缺口补助进行偿付。若项目原本规划的使用者付费部分收益不足，依照当前的政府补贴计算方式，政府将要支付超出初期测算的费用，从而给政府财政带来较大挑战。

5.2.2.5 信息不对称风险

访谈显示，信息不对称现象普遍存在，如政府在建设和运营阶段没有系统收集项目信息，这种缺乏监督的做法，没有激励私营部门高效运作。当涉及多个政府部门时，问责制和披露问题可能会加剧。并且政府各部门之间的责任界限并不总是明确的，有时它们是重叠的。这种重叠会导致政府内部信息共享存在问题，进而导致政府内部信息不对称、管辖权和政策冲突，以及交易成本上升。

5.3　PPP 项目风险回流流程分析

当政府和社会资本能够在 PPP 项目中贯彻最初的风险分配时，才可以实现真正的物有所值，如果政府最初通过风险分担契约转移风险的目标在执行过程中没有实现，风险发生后的消极损失将全部或部分转回由政府承担。确定风险是否发生回流需要结合风险分配机制及结果进行研判。本节对治理类 PPP 项目风险初始分配及最终分配情况进行了调查统计，数据结果见附录一。

5.3.1 初始分配数据

本研究针对问卷调研结果，采用描述性统计分析，对表 5-3 中所列明的 21 种风险在中国的一般初始分配情况进行了分析。

基于调研，对于外部层级风险，调查发现 51.24% 的受访者认为在合同谈判初期是由政府和社会资本共同分担的，32.50% 的受访者认为它们是分配给社会资本的，只有 16.00% 的受访者认为外部风险一般由政府承担。在项目风险方面，50.50% 的受访者认为分配给了社会资本，32.65% 的受访者认为共同分担，只有16.85%的受访者认为由政府承担。然而，对于代理类风险，54.74%的受访者认为它们是共同分担的，24.22%的受访者认为它们分配给了社会资本，21.04%的受访者认为它们由政府承担。

5.3.2 最终分配数据

本节使用问卷调研的数据来确定项目在实施过程中最终如何分配风险。基于调研，对于外部层级风险，调查发现54.14%的受访者认为在合同谈判初期是由政府和社会资本共同承担的，10.76%的受访者认为它们是分配给社会资本的，35.10%的受访者认为它们一般由政府承担。在项目风险方面，36.85%的受访者认为分配给了社会资本，38.95%的受访者认为应该共担，24.20%的受访者认为由政府承担。然而，对于代理类风险，53.58%的受访者认为它们是共担的，20.80%的受访者认为它们分配给了社会资本，25.62%认为它们最终由政府承担。

5.3.3 分配结果差异

5.3.3.1 卡方检验结果

基于初始分配数据和最终分配数据的统计结果，本节采用同质性卡方检验比较两组数据，即风险初始分配及最终分配两个群组分配给政府和社会资本的比例是否相同。该测试的目的是确定观察到的数字是否不同于偶然性或不同于预期，换句话说，是为了测试观察到的分布由偶然性引起的可能性。

表5-3交叉分析结果显示，分配结果产生差异的外部风险、项目层级风险和代理级别风险，最终风险分配结果相较初始而言均倾向于政府。

对于外部风险而言，初始分配时只有16%分配给政府，而最终分配时政府却承担了35%；对于项目风险而言，初始分配时只有17%分配给政府，而最终分配时政府却承担了24%；对于代理类风险，初始分配时只有16%分配给政府，而最终分配时政府却承担了21%。从这些结果可以看出，政府作为初次风险分配结果的主导者，不乏存在首次出价倾向于自身意愿偏好的风险报价。

表 5-3　初始分配×最终分配交叉制表

外部风险			最终分配			合计
			共担	政府	社会资本	
初始分配	共担	计数	139.0	0.0	3.0	142.0
		期望的计数	76.9	48.7	16.4	142.0
		初始分配中的百分比	97.9%	0.0%	2.1%	100.0%
	政府	计数	0.0	36.0	9.0	45.0
		期望的计数	24.4	15.4	5.2	45.0
		初始分配中的百分比	0.0%	80.0%	20.0%	100.0%
	社会资本	计数	11.0	59.0	20.0	90.0
		期望的计数	48.7	30.9	10.4	90.0
		初始分配中的百分比	12.2%	65.6%	22.2%	100.0%
合计		计数	150.0	95.0	32.0	277.0
		期望的计数	150.0	95.0	32.0	277.0
		初始分配中的百分比	54.0%	34.0%	12.0%	100.0%
项目风险			最终分配			合计
			共担	政府	社会资本	
初始分配	共担	计数	69.0	21.0	0.0	90.0
		期望的计数	35.1	21.8	33.1	90.0
		初始分配中的百分比	76.7%	23.3%	0.0%	100.0%
	政府	计数	17.0	14.0	16.0	47.0
		期望的计数	18.3	11.4	17.3	47.0
		初始分配中的百分比	36.2%	29.8%	34.0%	100.0%
	社会资本	计数	22.0	32.0	86.0	140.0
		期望的计数	54.6	33.9	51.6	140.0
		初始分配中的百分比	15.7%	22.9%	61.4%	100.0%
合计		计数	108.0	67.0	102.0	277.0
		期望的计数	108.0	67.0	102.0	277.0
		初始分配中的百分比	39.0%	24.0%	37.0%	100.0%

续表 5-3

代理风险			最终分配			合计
			共担	政府	社会资本	
初始分配	共担	计数	136.0	16.0	0.0	152.0
		期望的计数	81.2	39.0	31.8	152.0
		初始分配中的百分比	89.5%	10.5%	0.0%	100.0%
	政府	计数	8.0	30.0	20.0	58.0
		期望的计数	31.0	14.9	12.1	58.0
		初始分配中的百分比	13.8%	51.7%	34.5%	100.0%
	社会资本	计数	4.0	25.0	38.0	67.0
		期望的计数	35.8	17.2	14.0	67.0
		初始分配中的百分比	6.0%	37.3%	56.7%	100.0%
合计		计数	148.0	71.0	58.0	277.0
		期望的计数	148.0	71.0	58.0	277.0
		初始分配中的百分比	53.0%	26.0%	21.0%	100.0%

5.3.4 风险回流影响案例分析

因项目具体情况不同，风险回流对项目造成的影响也各不相同。为更直观地关注风险回流给政府带来的影响，本节拟以 L 市古城综合治理 PPP 建设项目为例进行分析，以说明风险回流对项目及合同主体产生的相关影响。

5.3.4.1 项目背景

L 市 PPP 建设项目是其"十三五"重点规划项目，包括生态湿地、污水处理厂、雨污分流及综合管廊工程等的建设运营，项目投资额约 27 亿元，项目实施机构为 L 市住建局，项目合作期约为 23 年，为国家级示范项目。2017 年 9 月，该项目与以 Z 公司（央企）为牵头人的联合体签订合同，但因各种原因项目迟迟未推进，2018 年 10 月，L 市政府宣布终止合同。2018 年 12 月，L 市政府就该项目再次发起招标程序，2019 年 2 月以 SZ 资本管理有限公司为牵头人的联合体中标。

5.3.4.2 项目推进进程

2016 年 6 月 29 日，该项目物有所值评价报告和财政承受能力评估报告通过

L市财政局审批；2016年7月实施方案通过L市政府审批；2016年9月因该项目的前期识别准备工作扎实，被评为国家级示范项目。该项目涉及部分征地拆迁工作，政府前期协调推进速度较慢，征地拆迁遗留问题较多，期间有较多潜在投资人问询该项目进展，表示投资兴趣，项目前期推进速度缓慢。

国家对于第三批示范项目有落地要求，2017年9月前必须走完采购程序，否则将会做退库处理。为满足示范项目落地要求，2017年9月，L市住建局紧急启动招标程序，确定以Z公司为牵头人的联合体中标，并签署了PPP项目合同。合同约定合同签署生效后3个月内应成立项目公司。

自2017年9月签署PPP项目合同后，截至2018年9月，该项目未曾开工建设，L市政府在公开其1月至8月投资动态时解释该项目仍处于拆迁状态。经访谈，L市住建局与Z公司曾就项目问题展开多次会谈，但协商无果，有以下两大问题：

（1）社会资本投机主义导致融资风险回流。

项目开工前，Z公司拟引入金融机构共同组建项目公司，且作为控股股东，而金融机构并不是此前的中标联合体成员。Z公司的这一举措让政府为难，因为按照当前招投标法律，社会资本中标后以融资为目的引进金融机构，一方面规避了招标程序，容易引入资质不佳的社会资本，另一方面则是若金融机构作为控股社会资本，项目较大概率会被认定为明股实债，这是不符合现行操作规范的。Z公司提出当前央企的业务风险管控严格，集团对于股权投资有指标限制，这一度导致项目公司组建陷入僵局。最终，以政府妥协告终，政府出函同意引入财务投资人组建项目公司，但同时融资责任对于原中标社会资本的约束力下降，融资风险部分回流给政府。

（2）初始分配超出社会资本承担上限导致融资风险回流。

政府出函同意引入财务投资人后，项目依然未能顺利完成融资。经了解，项目因征拆费用占投资额比重较高，且L市为县级市，对资本的吸引力较差，融资非常不顺利。项目在招投标及合同谈判期间未合理评估该项目的融资风险，拟定全部由社会资本承担，政府承诺的项目回报水平无法满足社会资本承担此风险的成本要求，更缺少相关激励条款来激励社会资本管理此风险。

5.3.4.3 项目影响

2018年9月，L市统计局发布经济运行情况，分析显示，L市该PPP项目依然处于征地拆迁状态，还未正式开工，影响了地方政府年度投资任务。上级政府要求住建局进行整改。2018年10月31日，L市政府发出终止合同通知，指出社会资本违约，导致涉及重大民生及环保的治理项目迟迟未实施，也带来了严重不良后果和影响。

2018年12月，该项目重新启动招标程序，2019年2月项目中标人确定，通过比较两次中标结果边界条件，政府给予的项目回报明显提升，对比结果见表5-4。

表5-4 项目中标条件对比

	第一次招标	第二次招标
中标时间	2017年9月	2019年2月
资本金年投资回报率	以同期5年期以上央行贷款基准利率增加2.55个百分点	以同期5年期以上央行贷款基准利率增加2.60个百分点
融资回报率	以同期5年期以上央行贷款基准利率上浮22%	以同期5年期以上央行贷款基准利率上浮30%
财政评审价下浮率	2%	0%
设计收费下浮率	2%	1%

经核查财政部PPP信息平台的信息公开结果，按照第一次中标条件项目物有所值指数为4%，根据第二次中标条件进行计算，项目物有所值指数为2%，物有所值指数下降。

5.3.5 风险回流原因分析

综合上述分析，本节梳理了PPP项目风险回流产生的原因，如图5-1所示。

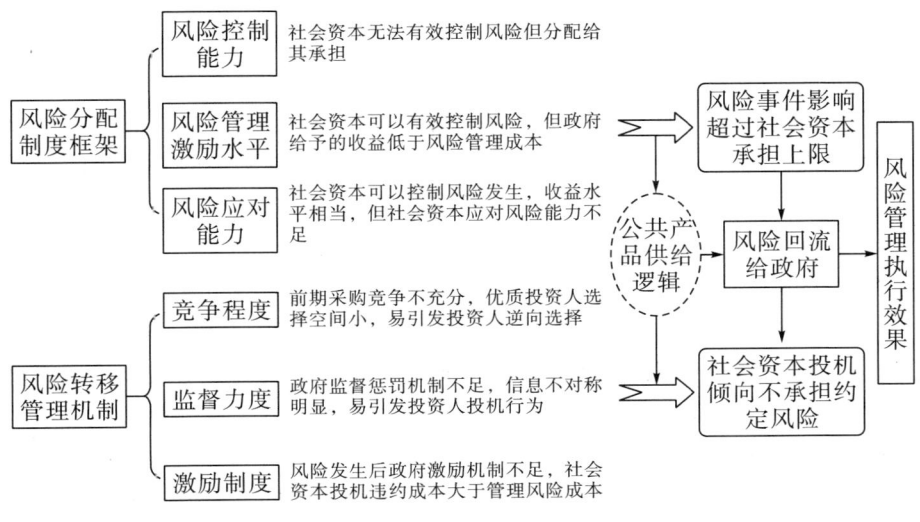

图5-1 治理类PPP项目风险回流原因分析

由图 5-1 可知，基于案例分析得出的风险回流原因主要包括两方面：一方面是因风险分担效率低下，风险超出社会资本承担上限导致风险回流；另一方面是项目委托代理关系带来的项目风险治理机会主义导致风险回流。

5.3.5.1 风险分配效率低下

风险有效分配是风险管理制度中的关键一环，是 PPP 模式实现应用价值的关键。如果项目风险因种种原因未得到有效分配，则政府通过风险分担合同转移风险责任的目标必然无法顺利实现，因项目的公益性，风险发生后社会资本无法承担必然会由政府对市场失灵买单。风险分配效率低下的主要原因如下：

（1）社会资本风险控制能力不足。

风险控制能力是有效分配风险的关键要素之一。对风险的发生有影响力的一方往往可以在源头减少风险发生的概率与损失，如果社会资本对该风险的控制能力不足却因评估不当或政府在首次风险分配谈判中的主导地位将风险分配给社会资本，风险责任安排和实际控制能力出现偏差，则一旦发生社会资本无法承担的风险，就只能由政府兜底管控，风险回流给政府。

（2）社会资本风险收益不对等。

风险与收益对等原则是风险有效分配的重要原则，如果社会资本有能力控制风险的发生，但政府给予的收益不足以覆盖社会资本管理风险的成本，那么社会资本将拒绝承担风险损失或为规避风险做出努力。如 L 市古城综合治理 PPP 建设项目因征地拆迁费用占比大、县级市项目回报率较低等原因融资困难，Z 公司便不愿意承担融资风险。L 市政府基于公共责任的无法推卸性，只能出函同意项目公司引入财务投资人，承担一部分融资风险及不合规风险。

（3）社会资本风险应对能力不足。

风险发生后如何应对是风险管理的一个重要部分。在风险分配过程中，了解风险承担方如何降低风险或承担风险对政府来说非常重要。如 A 县九十九滩治理项目中，融资风险发生后，作为社会资本方的 B 公司无法招架因集团总部债务危机给 G 省区域公司带来的影响，只能放任项目解约失败。

5.3.5.2 风险治理不协同

在初始分配中有效分配风险，在执行过程中健全管理机制。虽然初始分担方案合理，但执行过程中合同治理、关系治理等原因也会使得社会资本采取机会主义放弃管理和承担风险，从而使纳什均衡状态被破坏掉，风险转移失败。

（1）采购过程未实现充分竞争。

通过 A 县项目案例分析，可以看出事前竞争在风险转移中起着重要作用。激烈的竞争激励社会资本提出更有效和成本效益更高的解决方案，从而促进风险的有效转移。此外，在采购过程中合法规范的招标程序，会加强审查投标人的信誉资质问题，也会对投资人的逆向选择产生抑制效果。A县项目的采购过程为B公司量身定制，很明显竞争程度低下，以至于在合同谈判中社会资本要求提供各种担保来转移本应由其承担的风险。

（2）政府未实现有效监督。

由于治理类PPP项目的后期竞争有限，监督对风险转移更有意义。在缺乏监督的情况下，不论合同所列的条件如何，政府最终都可能承担更多的风险，因为社会资本可能会设法将风险转移回政府，而政府对于风险管理的过程了解有限，信息不对称会加剧社会资本的投机行为。如XG项目，政府因对XG水务公司的信任便疏于监督管理，只是按期偿付项目工程款，后期项目公司建设施工存在多次延误超支的情况，导致项目成本大幅上升，也严重影响了目标水域的治理与生态修复。

（3）政府未实现正向激励效能。

社会资本的风险态度和管理行为会被政府的激励措施影响。通过适当的激励，可以说服社会资本减少风险规避。奖励制度可以是奖励、分担费用和定价安排等积极的因素，也可以是消极的因素，如未能达到标准会影响到付费水平。如对于污水处理类项目，价格调整机制就可以激励社会资本承担通胀风险。激励措施越有效，对监管的需求就越少。有时需要将监控和激励相结合，以促使社会资本遵守合同条款，从而避免社会资本投机问题。

（4）政府与社会资本之间的股权关系无法剥离。

如XG项目，政府与社会资本之间存在股权控制关系，政府不得已为社会资本兜底担保，从这个角度上说，当下的社会资本参与实践中，同等资质条件下，民营资本参与PPP项目或优于国有资本参与。不存在股权控制关系，才能真正做到风险隔离，真正实现物有所值。

5.4 PPP项目风险回流博弈演化分析

在PPP项目中，政府和社会资本之间为复杂的竞合博弈关系。由于种种原因，这种关系将逐步演变为障碍、防范和考验。风险回流就在双方博弈演化中产生。PPP项目风险回流产生过程如图5-2所示。

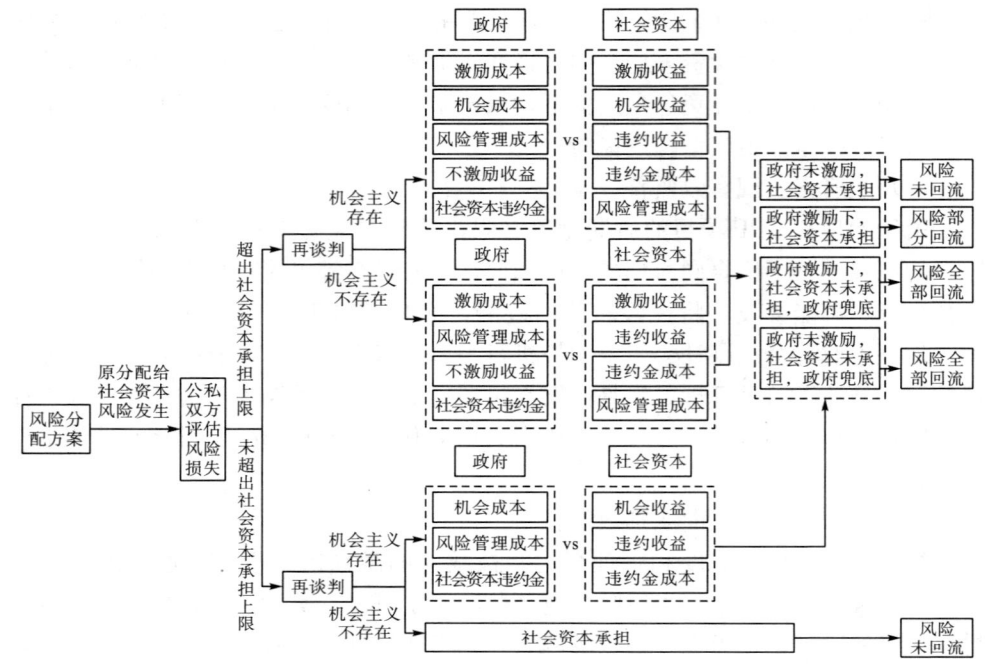

图 5-2 PPP 项目风险回流产生过程

如图 5-2 所示,风险回流产生路径分为四种情况,①风险分配量超出社会资本承担上限,且社会资本存在投机倾向;②风险分配量超出社会资本承担上限,且社会资本不存在投机倾向;③风险分配量未超出社会资本承担上限,且社会资本存在投机倾向;④风险分配量未超出社会资本承担上限,且社会资本不存在投机倾向。

很明显,在 PPP 项目管理实践中,第一种情况更为复杂,也更接近现实中风险回流发生时的风险治理环境,故本章拟针对第一种情况进行风险回流博弈演化分析。模型构建及讨论分析如下所示。

5.4.1 模型的基本假设

假设 1:在 PPP 项目风险转移竞合博弈的过程中,仅考虑项目的主要利益主体政府和社会资本,由于委托代理关系的存在,双方之间信息交互不完全,即存在信息不对称,且政府与社会资本均为有限理性,两者为各自损益目标不断博弈风险转移的合作策略。

假设 2:在 PPP 项目风险转移竞合博弈的过程中,当某个风险发生时,假设政府可以选择"激励"和"不激励"的合作策略,分别为 I1 与 I2;社会资本可以选择"积极合作"和"消极合作"的合作策略，分别为 C1 与 C2。

假设3：政府的收益与成本。假设政府基于某水环境 PPP 项目的收益水平为 r_1，选择 I1 策略需要支付的激励成本（含机会成本）为 a_1，社会资本选择投机行为导致政府遭受的直接经济损失为 f，社会资本选择投机行为导致政府遭受的间接经济损失为 t，政府选择 I2 策略需要支付的风险管理成本为 d_1，政府选择 I2 策略减少支付的风险溢价成本为 y_1（初始风险分配方案中约定的溢价水平）。

假设4：社会资本的收益与成本。假设社会资本基于某水环境 PPP 项目的收益水平为 r_2，选择 C1 策略管理风险后获得的政府激励收益为 a_1，选择 C2 策略时获得直接经济收益 f，选择 C2 策略时遭受政府惩罚损失为 y_2，由于政府 I2 策略减少的收益为 y_1，当政府不激励，且社会资本持消极不合作态度时额外增加的损失为 y_3。

5.4.2 博弈模型的构建

基于本章 5.3.1 节中阐述的 4 项假定条件，在某一原本分配给社会资本承担的风险发生后，假设最初政府选择 I1 策略的概率为 q，选择 I2 策略的概率为 $(1-q)$，社会资本选择 C1 策略的概率为 p，采用 C2 策略的概率为 $(1-p)$。政府与社会资本风险转移博弈的策略组合和损益矩阵分别见表 5-5 和表 5-6。

表 5-5　政府与社会资本风险转移博弈的策略组合

政府	社会资本	
	积极合作（概率 p）	消极合作（概率 $1-p$）
激励（概率 q）	（激励，积极合作）	（激励，消极合作）
不激励（概率 $1-q$）	（不激励，积极合作）	（不激励，消极合作）

表 5-6　政府与社会资本风险转移博弈的损益矩阵

风险转移博弈策略	政府	社会资本
（激励，积极合作）	r_1-a_1	r_2+a_1
（激励，消极合作）	$r_1-f-t+y_2$	r_2+f-y_2
（不激励，积极合作）	$r_1+y_1-d_1$	r_2-y_1
（不激励，消极合作）	$r_1-f-t+y_1+y_2+y_3-d_1$	$r_2+f-y_1-y_2-y_3$

基于表 5-6 所列损益矩阵可以看出，从公共利益角度出发，当风险发生且风险损失超过社会资本承担上限时，政府采取激励措施支付一定激励成本，社会资本积极选择接受激励成本管理风险为最优效果。

5.4.3 模型分析

结合图 5-3，本节采用相轨迹图来阐述风险博弈演化动态趋势，得出如下分析。

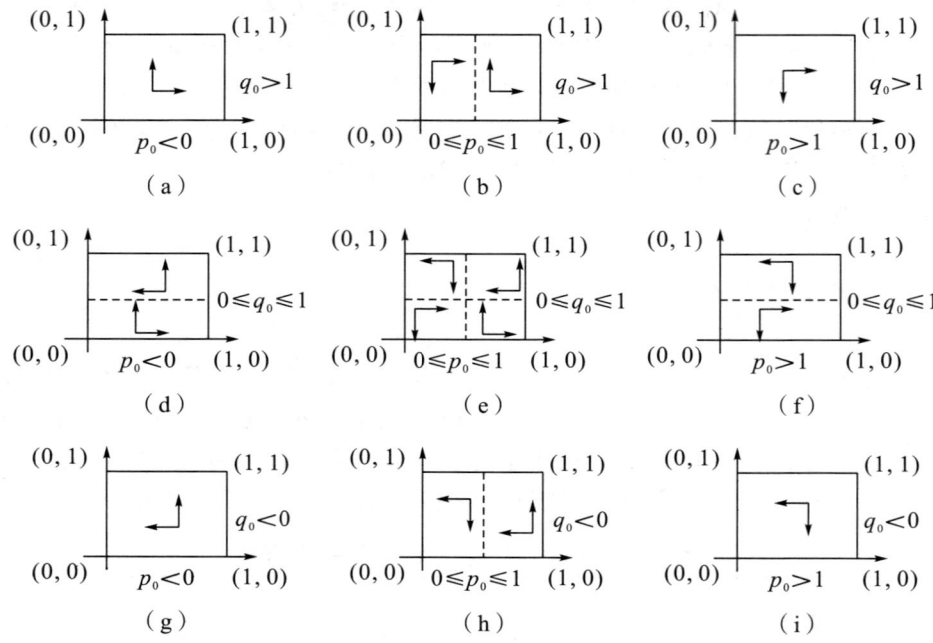

图 5-3 风险博弈演化相轨迹图

5.4.3.1 社会资本风险转移博弈演化趋势

当 $q_0>1$，即 $a_1+y_2-f>0$ 时，可参看图 5-3 中的（a）、（b）、（c），无论政府是否采取"激励"政策，社会资本的最终策略都会趋向于"积极合作"来管理已经发生的风险；当 $q_0<0$，即 $a_1+y_2-f\leqslant-y_3$ 时，可参看图 5-3 中的（g）、（h）、（i），无论政府是否采取"激励"政策，社会资本的最终策略都会趋向于"消极合作"；当 $0\leqslant q_0\leqslant 1$，即 $-y_3\leqslant a_1+y_2-f\leqslant 0$ 时，可参看图 5-3 中的（d）、（e）、（f），此时社会资本的策略会因政府的策略变化有所不同，当政府选择"激励"策略的比例大于 $q_0\left(\dfrac{a_1+y_2+y_3-f}{y_3}\right)$ 时，社会资本的最终选择会向"消极合作"方向收敛，反之则倾向于"积极合作"。

根据假设中各参数的设定，对于社会资本来说，如果政府原承诺的收益和选择"激励政策"后给予的激励收益大于其"消极合作"拒担风险的收益，社会资本会倾向采取"积极合作"策略；反之，当政府承诺的收益和激励收益小于其"消极合作"拒担风险的收益，而当双方均采用"消极合作"态度且额外附加的惩罚损失又大于其"消极合作"拒担风险的收益时，社会资本也会选择"积极合作"来管理并承担风险损失。如果政府此时选择"激励"策略，社会资本将趋向于"消极合作"，拒绝承担风险。如果"消极合作"拒担风险的收益非常之大，而政府也趋向于"不激励"政策，则最终该风险管理失败，风险全部回流政府，严重者甚至会影响双方的后续合作。

5.4.3.2 政府风险转移博弈演化趋势

对于政府而言，当 $p_0 < 0$，$d_1 - y_1 - y_3 > 0$ 时，可参看图 5-3 中的（a）、(d)、(g)，无论社会资本是否采取"积极合作"策略，政府的最终策略都会趋向于"激励"来协同社会资本管理已经发生的风险；当 $p_0 > 1$，$d_1 - y_1 < 0$ 时，无论社会资本是否采取"积极合作"策略，政府的最终策略都会趋向于"不激励"；当 $0 \leq p_0 \leq 1$，$0 < d_1 - y_1 < y_3$ 时，政府的策略将会根据社会资本的策略比例变化有所差异。

根据假设中各参数的设定，当政府采取"不激励"策略获得的收益 y_1 大于自己管理风险的成本 d_1 时，政府更倾向于选择"不激励"策略；如果 $y_1 < d_1 < y_1 + y_3$，即"不激励"策略获得的收益加上对社会资本"消极合作"的惩罚超过自己管理风险的成本时，只要社会资本"消极合作"倾向比例大于 n_0，政府的选择必然会演化为"不激励"政策；反之，若 $d_1 > y_1 + y_3$，政府会倾向于选择"激励"策略。

上述研究发现，政企双方风险博弈的最终结果与系统的初始状态有关。如果初始风险分担超出社会资本承担上限，则当风险发生后双方协同治理会减少风险回流的影响。当然，在协同治理的同时，政府适当设置激励监督条款在一定程度上可减少风险回流的发生。

5.5 PPP 项目风险回流止逆对策

由前述分析可知，PPP 项目风险回流发生的两大原因为风险分配效率低下和风险治理不协同。本节将针对这两大原因提出一些对策来尝试切断风险回流途径或减少风险回流的不良影响。

5.5.1 设置充分竞争的采购程序

由本章 5.2.4 节中的案例分析可知，缺乏充分竞争的采购程序将会使得项目存在多重隐患：一是社会资本能力不足将无法控制应分配给社会资本的风险，后期风险事件发生引起风险回流；二是前期竞争不充分容易造成社会资本的逆向选择，增加社会资本的投机机会。因此在当下的社会资本采购程序中，政府作为采购主体应进行严格的市场测试和尽职调查，选择优质社会资本，从源头减少投机机会，掌握足够的信息以为后面合同谈判、风险分担、责任义务安排打下坚实的基础。

5.5.2 风险分担贯彻四大原则

PPP 项目风险分担应贯彻上限原则、风险收益对等原则、控制力强承担原则、成本低承担原则，且应综合协调四大原则进行风险分担。双方应尽量秉持协同合作的态度。政府不应因错误认知盲目地将不适合社会资本承担的风险悉数转移出去，当风险发生时社会资本无力承担，届时重新谈判又要花费更多的人力、物力、财力等交易成本，严重时甚至导致项目失败。如 L 市古城综合治理 PPP 建设项目、A 县九十九滩水环境 PPP 项目，皆因为初始风险分担效率低下而导致项目失败。

5.5.3 设计激励制度鼓励社会资本管理风险

在 PPP 项目中，对于外源性风险，政府可以提供一定的补偿，合同中可以约定不同的补偿方式和补偿条件，如允许价格调整、合作期延期、风险超过一定比例后双方共担等。由第 5 章的分析可以看出，当激励制度和激励额度合理时，是有望减少风险超出社会资本承担上限时的回流程度的。项目合同中激励制度的设计可以实现风险转移，也能给社会资本管理风险提供利好和动机，这对项目是有益的。

5.5.4 设计监督制度减少道德风险和投机行为

由于委托代理关系的存在，社会资本会存在投机行为，而监督制度则可减少道德风险和投机行为。尽管激励制度也可以促进社会资本管理风险，但随着时间推移，由于投机行为存在，监督制度也非常重要。惩罚机制可以促使社会资本在建设运营方面努力达到政府所要求的水平，如果触发惩罚机制将会收取社会资本的违约金。违约成本可以制约社会资本的道德风险和投机行为，从而减少或者阻止风险回流。

5.5.5 要求社会资本提供风险转移保障

水环境治理PPP项目涉及较多的利益主体，风险不仅仅只在政府和社会资本之间流动转移。政府可以要求社会资本提供将部分风险有效转移的方案。常见的方案有两种：一种是为了降低项目建设、运营风险，要求社会资本提供建筑/安装工程一切险、财产险、环境险等；另一种是出于降低双方合作关系风险的考虑，要求其提供各个阶段的担保函，如采购阶段的投标担保函、施工阶段的履约担保函、运营维护期间的履约担保函及移交阶段的维修担保函等，从而确保部分可控风险得到有效转移，降低风险回流发生的概率和影响。

5.5.6 审慎选择地方政府控股国企

地方政府控股国企和当地政府存在千丝万缕的联系，为有效降低未来风险发生后风险回流对政府的不良影响，政府在选择社会资本时应审慎选择地方政府控股国企，充分发挥PPP模式在公私双方中的风险分担作用。

6 移交风险

由于能够带来物有所值，PPP在世界各地的基础设施项目开发中得到了广泛而迅速的应用。但开发PPP项目是一个复杂的过程，许多问题都可能导致过高的交易成本，不少PPP项目在合同期结束后需要移交回政府，这些项目移交阶段的交易成本经济学（Transaction Cost Economics，TCE）问题也会导致该阶段的交易成本增加。运用TCE理论，本章节将这些可能在项目移交阶段发生的风险问题定义为三个TCE问题，本章主要研究的是移交安全性问题和适应性问题。

因此，本章节以应对我国PPP项目中存在的两个TCE问题为总目标，设立了两个具体的研究目的，分别对应通用移交过程模型（GTPM）和移交风险管理体系（TRMS）。

6.1 PPP项目移交阶段的现状分析

6.1.1 研究目的、内容方法概述

6.1.1.1 研究目的

本章节的研究目的是全面分析PPP项目生命周期的项目移交阶段，以应对其中存在的TCE问题，从而实现基础设施PPP项目的顺利完成。如前所述，PPP项目的移交风险主要与两类TCE问题相关，即适应性问题（P1）和安全性问题（P2）。如表6-1所示，由于P1的存在，移交参与方在移交安排的细节上可能会出现严重的争议，进而导致一个混乱的、高成本的移交过程。在P2的作用下，移交阶段发生的各种风险可能会破坏项目资产的应有价值。

表 6-1 项目移交阶段的 TCE 问题及可能后果

TCE 问题	可能的后果
适应性问题（P1）	混乱的、高成本的移交过程
安全性问题（P2）	移交风险破坏资产价值

基于以上分析，为实现本章节的研究目的，需要达到的具体研究目标有：

（1）针对 P1，开发一种通用移交过程模型（GTPM），能够模拟合理的 PPP 项目移交过程。

（2）针对 P2，建立一个能够有效管理我国 PPP 项目移交阶段风险的移交风险管理体系（TRMS）。

6.1.1.2 研究内容

如前所述，PPP 项目生命周期的项目移交阶段的研究不足，需要更多来自业界和学术界的关注。本章节的研究针对适应性问题和安全性问题寻求解决方案。为了达到此目的，设定了 2 个研究目标（ROs），并将目标分解为 7 个具体的研究问题（RQs）（图 6-1）。

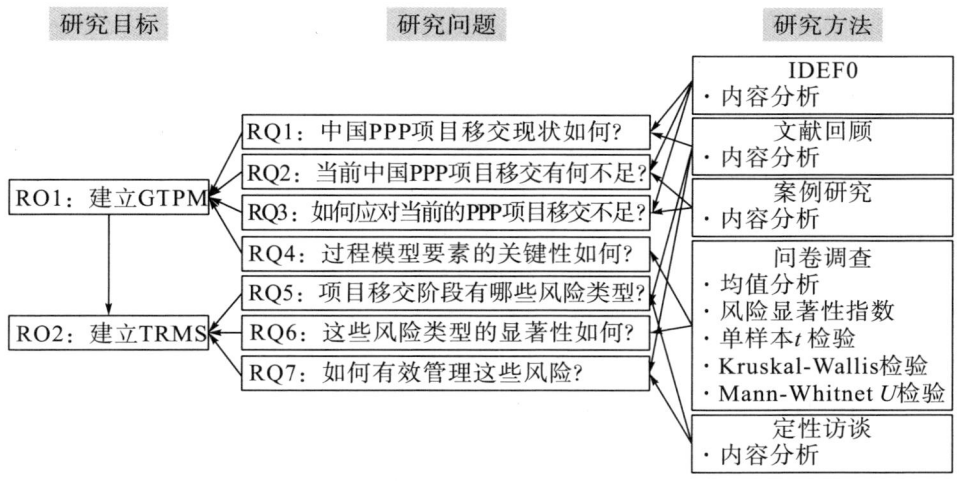

图 6-1 研究内容

为了达到研究目的，本章采用了包含多种研究技术的三角测量法。这种三角测量法特别适用于建设工程管理类研究，因为此类工程具有高度复杂性和动态性的特点，需要研究人员采用多种方法更好地理解相关问题。三角测量法在控制研究偏差和测试研究结果方面也被认为是十分有效的。三角测量法的形式各不相同，如数据、方法、研究人员和学科的三角化。本研究主要考虑前两种形式，即数据收集方法（如问卷调研、访谈、案例研究）和数据分析方法（如定量或统计分析、定性分析）的三角化。

本章所建立的 TRMS 期望能够帮助 PPP 从业者全面地认识项目移交过程的层次结构以及影响顺利移交的关键风险。在此基础上，具体移交的执行者能够根据该系统准确把握中国 PPP 项目的移交管理要点和难点，从而对项目的移交提前做好科学合理的规划。希望本章的研究成果能对保持基础设施项目移交后持续、稳定地提供公共服务或产品有所帮助。

6.1.1.3 研究方法概述

本章的研究分为四个阶段。

在第一阶段，进行前期研究以发现 PPP 实践中存在的现实问题，据此明确研究目的、研究目标、研究问题以及可能的研究方法。这一阶段主要进行广泛的文献回顾。文献包括 PPP 相关的学术文章和行业报告等，并定期与导师、研究团队成员和一些行业专家开展讨论。通过该阶段形成了整体的研究框架。

在第二阶段，研究的重点是识别为实现研究目标而设计的两个子模型的主要元素。对于 TRMS，进行模型要素识别的方法是对相关文献的回顾和行业专家访谈。对于 GTPM，模型要素识别及模型构建将在此阶段完成，过程不仅涉及广泛的文献回顾，还运用案例研究和建模语言 IDEF0。该语言被广泛运用于对复杂系统或过程的建模。基于识别出的各类模型要素，开发了调查问卷，用以调查代表中国 PPP 项目不同利益相关者的专家的观点。

第三阶段进行正式的问卷调研和专家定性访谈。考虑到 PPP 项目的移交在实践中并不多见，本章主要选择了国内资深的 PPP 项目管理和研究人员作为访谈对象。这些人员通常有较长的 PPP 项目运作和研究经历，积累了丰富的经验和知识，了解 PPP 项目生命周期不同阶段的特点，因此，他们最有可能对项目移交阶段管理提出有价值的建议。问卷调研采用滚雪球抽样法。也就是说，所有的受访专家均被请求将问卷转发给尽量多的适合参与本章研究的其他专家。

在第四阶段，对上一阶段收集来的数据进行计量统计分析，根据统计结果完成 TRMS 和 GTPM 的开发。运用的统计分析技术包括均值分析、非参数检验、参数检验以及相关性分析。这些方法可以揭示模型要素之间、不同样本组之间的各类关系，进而阐明上述两种模型的内在机制和作用机制。

综上，本章使用的数据分析技术包括定性分析技术和定量分析技术。定性分析技术，顾名思义，处理的是研究过程中产生的定性数据，本章主要涉及内容分析技术。定量分析技术主要是指一系列统计分析技术，包括平均得分（MS）分析、风险显著性指数、单样本 t 检验、Kruskal-Wallis 检验和 Mann-Whitney U 检验。这些统计分析技术主要用于对通过问卷所收集的数据进行处理。本章使用社会科学统计软件包（SPSS）软件进行定量数据分析。

6.1.2 文献回顾

在理想情况下，特许经营协议应该对PPP项目移交过程做出完整的、明确的规定。然而，如前所述，这种理想情况几乎不可能存在，因为管理项目移交阶段的实际经验或行业操作指导都十分有限[89]。在本章中，只识别出两个主题和三篇论文属于项目移交阶段。Yuan等在回顾了剩余风险（剩余价值风险）研究的基础上，确定了导致剩余风险的六个关键因素，并提出了促进剩余风险管理的概念模型[86]。Yuan等通过两个实际项目进一步验证该模型，确定了剩余价值的累积效应。Abdul-Aziz回顾了马来西亚的一个完成移交的PPP项目，为今后的PPP实践提供了有益的借鉴[111]。

考虑到大多数PPP项目目前尚处在项目移交之前的阶段，因此从业者对这一阶段的关注很少。然而，对于多数PPP项目来说，项目移交阶段最终会来到，能否顺利完成移交会直接影响到公共利益。因此，从长远来看，项目移交阶段需要进一步研究，以确保基础设施PPP项目移交成功并可持续地提供公共服务或产品。

现有文献对项目移交阶段的讨论非常有限，这与该阶段的关键性和实施难度是不匹配的。通过对真实案例的观察和文献的深入分析可知，项目移交阶段也充满了不确定性和风险，没有妥善的管理，项目移交过程可能会受到干扰，更严重的是，公共服务或产品的持续提供可能得不到保障。在项目移交准备完成后，需要形成详细的移交安排。然而，如前所述，移交安排相关的指南和实际经验都十分缺乏。而且即使在合同开始阶段就制定了详细的移交安排，也很难确保在10~30年后，所有细节仍然是合适的或可以接受的。因此，以下问题还需解答：

（1）关于移交安排，哪些内容应该提前定义？
（2）当PPP项目进入项目移交阶段时，初始安排可能会发生哪些变化？
（3）如何应对这些变化才能使移交顺利进行？

主要设施和设备的最后恢复性大修通常由项目公司负责。但是由于大修会造成运营成本增加，项目公司往往缺乏履行大修义务的主动性。此外，如果没有科学的移交验收技术标准，就无法确定大修范围和程度。然而，目前大多数PPP项目合同中的技术标准主要针对的是运营，大修标准并不明确。因此，至少有两个问题需要回答：

（1）如何监督和鼓励项目公司履行其大修责任？
（2）移交管理应遵循什么技术标准？

尽管已经有文献对剩余风险进行了分析，但对于如何有效管理这种风险仍然知之甚少。此外，众所周知，剩余资产可以分为有形资产和无形资产[86]，但如何量化它们仍然是未知的。因此，对于剩余风险，应解决以下问题：

(1) 如何计算剩余资产的价值，特别是无形资产的价值？
(2) 如何管理剩余风险？

尽管本章主题为项目移交阶段，但受研究时间和精力的限制，本章无法涵盖以上所有可能的研究方向，而只是探索性地关注PPP项目移交中最亟待解决的基本问题，也即是前文通过TCE理论所定义的两个主要问题：适应性问题和安全性问题。

6.1.3 PPP项目中的交易成本经济学（TCE）观点

交易存在于任何不同经济实体之间发生某种商品或服务转移的活动中。在这种背景下，PPP模式无疑是一种交易。考虑其具有周期长、利益相关者众多、不确定性突出等特点，PPP模式可视作一种复杂的交易。实际上，要使这一交易成功需要付出很大的代价。Dudkin和Valila调查了英国PPP项目采购阶段交易成本与六个变量（国家、行业、项目规模、采购过程的长度、投标者数量和合同年限）之间的关系，发现平均交易成本竟然占到项目总资本价值的10%。值得注意的是，这个惊人的数字还不包括用于采购执行、监测和漫长的项目运营阶段中可能出现的重新谈判的费用。因此，可以预见开发和管理PPP项目的总交易成本不会是一个可忽略的金额。

虽然学界普遍认同PPP项目中的交易成本问题（TCE问题）与PPP的复杂性有关这一观点，但导致这一问题的基本机制尚不清楚。本章借助TCE观点，建立了TCE问题的形成机制（图6-2）。在更详细地讨论这一机制之前，为了便于理解，本章将先介绍有关TCE的两个基本假设和两个维度。

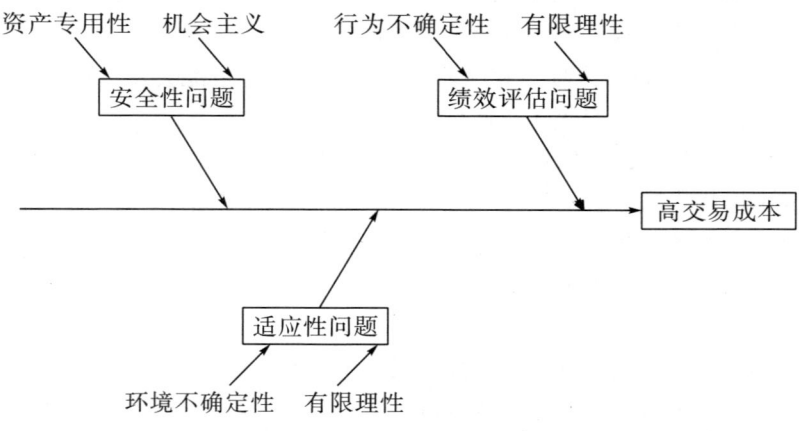

图6-2 PPP项目中TCE问题的形成机制

两个基本假设为有限理性（Bounded Rationality）和机会主义（Opportunism）。

有限理性：受限于人的自然属性，人的理性是有限的。受制于有限理性，不可能设计出将所有相关情况都考虑到的完美合同。因此，不完全契约是所有交易能够得到的最佳成果。

机会主义：单纯追求自我利益的经纪人倾向于利用契约的不完全性，采取欺骗性的手段实现利润最大化。这种倾向很难被事先发现。

理解 TCE 的两个维度包括资产专用性（Asset Specificity）和不确定性（Uncertainty）[112,113]。

资产专用性：投入一个特定交易的资产可以自由转向其他用途的程度。它主要包括三种特性，即场地专用性、物质资产专用性和人力资产专用性。

不确定性：无法预料的、有关外部环境和交易伙伴行为的变化。因此，不确定性包含环境不确定性和行为不确定性。

根据 Rindfleisch 和 Heide 的理论，PPP 项目在开发过程中会遇到三大 TCE 问题，即安全性问题、适应性问题、绩效评估问题。如图 6-2 所示，这些问题是由前述两个假设和两个维度的结合而产生的，从而最终导致 PPP 项目的交易成本过高。下面将对 PPP 项目中的前两个 TCE 问题进行详细的讨论。本章节针对风险管理主题，不对绩效评估进行研究，因此不对绩效评估问题展开讨论。

安全性问题源于项目资产专用性和机会主义。为了 PPP 项目的成功，参与各方必须投入足够多的优质资源，如时间、金钱、工具、精力、智力和工作场所等。在漫长的合同期内，除了要完成项目采购的前期资产投入，政府和社会资本为履行合同义务（例如项目监督和制造产品或提供服务）还必须进行持续投资，这就导致 PPP 项目在生命周期内具有很高的资产专用性。显然，合同双方都担心对方以不当的方式使用其所投入的资产。然而，机会主义的存在却使这种担心成为可能，从而大大增加了用于避免机会主义风险破坏资产安全性而采取的必要措施方面的费用。此外，由于 PPP 项目漫长且复杂，伴随着各种困难和陷阱，项目资产不仅存在被滥用的安全性风险，还可能受到不可抗力、政策变化、经济形势等许多其他因素的影响。因此，对于 PPP 项目交易而言，有必要从更广泛的角度去理解安全性问题，即有必要对导致 PPP 项目安全性问题的各类风险因素进行全面探讨。

适应性问题源于环境的不确定性和有限理性。如前所述，由于有限理性的存在，PPP 项目合同注定是不完全的。在 PPP 项目生命周期中，特许经营协议签署时无法预料的外界环境变化也将不可避免地发生。当外界环境发生变化时，合同双方可能对如何执行多年前签署的不完全合同持有不同的理解，从而导致纠纷产生，甚至可能出现需要进行重新谈判的情况。因此，当外界环境发生变化时，PPP 项目合同的适应性成为一个问题，而这个问题可能会导致纠纷或重新谈判，进而产生额外的交易成本。

在各类基础设施 PPP 项目中，水务项目（含供水和污水处理两类）所占的比例相当大。根据世界银行数据，截至 2017 年 7 月，发展中国家和欠发达国家的水务 PPP 项目的数量已达 958 个[114]。截至 2021 年 1 月，根据政府和社会资本合作中心的数据，中国项目管理库中水利建设项目的数量已达 433 个。通常情况下，PPP 项目数量越多，意味着在合同期限结束时需要移交的项目也越多，在项目移交阶段可能遇到的挑战也就越多，相应地，应对这些挑战所需耗费的成本可能也会越高。作为采用 PPP 项目较多的行业，水务行业的 PPP 项目移交问题无疑需要给予足够的重视，水务行业的项目移交方案也具有代表性，因此本章选用的案例来自水务行业。

6.2 建立通用移交过程模型（GTPM）

6.2.1 GTPM 概述

6.2.1.1 GTPM 建模背景

RO1（建立 GTPM）是针对适应性问题而设定的。对于 PPP 项目合同设计者来说，要准确预测在漫长的 PPP 项目生命周期结束后项目和环境的情况几乎是不可能的，这就导致了适应性问题的必然性。因此，既然 PPP 项目合同很难为项目移交提供明确的指导，那么管理者则应及时考虑这一问题。管理者应及时思考：现行的管理制度是否对 PPP 项目移交过程有明确规定或指导？这些规定或指导是否存在不足？如果答案是肯定的，那么如何弥补这些不足？本节希望通过开发能分层描述项目移交阶段的 GTPM 来解决以上问题。这些实际问题已转化为研究问题 RQ1、RQ2、RQ3 和 RQ4。

多种研究技术被用于构建 GTPM，本节选取水务行业中的案例。首先采用文献回顾法，对当前我国 PPP 项目移交过程的安排进行总结。其次运用案例分析法深入剖析一个具有代表性的中国水务 PPP 项目（该项目也是目前中国最早完成移交的水务 PPP 项目），以找出目前移交管理体系存在的不足以及识别出弥补这些不足的可能方案。整个模型的开发和呈现依赖建模语言 IDEF0。最后以 PPP 项目专家为对象进行问卷调研以分析和验证模型。

6.2.1.2　GTPM 建模过程

使用 IDEF0 对复杂过程或系统建模的典型方法包括三个步骤：①设计 As-is 模型；②分析现状和不足；③设计 To-be 模型。主要采用文献回顾法、IDEF0、案例分析法三种方法。

作为建模的基础，首先对 PPP 项目移交管理体系在中国的现状进行分析，并将其用 As-is 模型进行模拟。为了尽可能准确、完整地反映项目移交现状，笔者收集了多种来源的数据。As-is 模型最基本的要素参考了国家财政部发布的 PPP 操作指南，同时也借鉴了其他重要资料，如政府文件和通知、行业报告、文献资料，以完善建模所需的数据。然后使用建模工具 IDEF0 对这些数据进行处理，形成 As-is 模型。后续小节将对模型进行更详细的讨论。

其次是通过案例研究，找出中国现行 PPP 项目移交管理体系存在的不足。运用案例研究验证 IDEF0 模型已经被大量研究者证明是行之有效的方式。例如，借助案例研究，Bevilacqua 等重构了应急管理流程[115]，Sugiyama 等设计了一个化学品回收流程[116]。同样地，本研究通过深入调查 CD 项目的移交，来识别 As-is 模型的不足。

CD 项目是一个理想的研究案例，因为这个项目是国内第一个已经完成移交的水务 PPP 项目。此外，该项目从开始阶段就一直受到研究人员的关注，过去 20 年来，以此项目为背景已经发表了大量的学术文章，积累了大量的前期数据。除了这些早期研究提供的数据，研究人员还对项目特许经营权协议、移交委员会会议记录和与项目有关的其他重要文件资料等进行了全面的查阅，以便收集与移交有关的任何可能的重要信息。此外，在移交工作进行期间，还开展了五次现场或电话访谈（2015 年 8 月 3 日、2016 年 2 月 20 日、2016 年 5 月 9 日、2017 年 5 月 9 日和 2017 年 9 月 15 日），以调查来自政府和社会资本双方主要管理人员的看法。共有九名与项目相关的人员参与了访谈，包括两名政府人员、两名中国华源集团有限公司（CWGC）高层管理人员、一名威立雅管理人员和四名世界地质图委员会（Commission for the Geological Map of the World）管理人员。他们或者曾经参与过 CD 项目的开发，或者至今仍然参与其运营和移交，都对 CD 项目保持着长期的关注和联系。基于各自的角色，他们都对 CD 项目十分了解并且认识深刻。通过对比当前中国 PPP 项目移交管理的制度（以 As-is 模型为代表）和实际项目移交过程中遇到的困难（从案例研究可知），揭示当前移交管理的不足。

最后，研究人员继续观察 CD 项目为应对上述管理不足所采取的相应措施，结合专家受访者的意见，提出了一系列针对现状的解决方案。之后，所有前面步骤中所产生的研究结果被转换为 IDEF0 元素，以创建 To-be 模型（GTPM）。

将 As-is 模型升级到 GTPM 所采取的做法主要包括三类：删除不适当的步骤和因素、重新定义不明确的步骤、添加新的步骤和需要的因素。初始的 GTPM 被反馈给受访者，征求他们对模型有效性的意见，以进一步完善现有的移交管理体系。此外，还有三位熟悉 IDEF0 建模和 PPP 领域的专家对最终的 GTPM 进行评估，他们的意见进一步完善了最终成型的 GTPM。

6.2.2 CD 项目概况

CD 项目位于中国四川省成都市。在 20 世纪 90 年代末，成都市对自来水的日需求量已达到 130 万立方米，而当时的日供水量仅有 105.3 万立方米，缺口高达 25 万立方米。水源污染导致原有水厂产水量进一步减少，使缺水问题变得更加严峻。为缓解饮水危机，当时的成都市政府（CMG）启动了一项新的水厂发展计划，包含若干水厂项目。其中，CD 项目是唯一采用 PPP 模式的项目。CD 项目最早于 1993 年提出，拟采取传统的政府主动方式开发，但很快由于融资困难而中止。1996 年，借助中央政府发起的"国家试点 BOT 计划"，该项目得以重新启动。同年，项目面向全球公开招标，最终法国的 Compagnie Genenerale des Eaux Group（现 Veolia Group）和日本的 Marubeni Corporation 赢得特许经营权。随后，Cheng Du Genenerale des Eaux-Marubeni Waterworks Co.，Ltd. 作为项目公司成立，并立即着手项目建设工作。项目特许经营期为 18 年，包括建设期 2.5 年、运营期 15.5 年。项目的实际商业运行始于 2001 年，所生产的自来水由当地的国有公用事业公司——成都自来水总公司（CWGC）负责购买。在 18 年特许经营期满后项目必须移交回成都市政府。目前，项目已于 2017 年 8 月 10 日顺利完成移交。表 6-2 总结了成都自来水六厂 B 厂项目的概况。

表 6-2 成都自来水六厂 B 厂项目的概况

PPP 模式	BOT
融资关闭年份	1999 年
项目内容	一座供水厂、取水设施、1030 米排水管以及一段 27 公里的输水管道（直径 2400 毫米），输水管道连接水厂和城区自来水管网
产能（万立方米/天）	40
总投资（百万美元）	106.5（32 投资+74.5 债务）
合同年限（年）	18
投资人	Veolia（占比 60%）、Marubeni（占比 40%）

续表6-2

PPP 模式	BOT
借款人	亚洲开发银行（借款 4800 万美元）、欧洲投资银行（借款 2650 万美元）

本节中，CD 项目包含九类利益相关者。Liu 等[117]识别出其中八类：公共委托人、股东、债权人、特许权受让人、分包商、供应商、雇员和最终用户。本节识别出的另一个利益相关者是成都市政府指定的项目接收人——国有企业 XR 集团。CD 项目主要利益相关者见表 6-3。

表 6-3 CD 项目主要利益相关者

序号	类别	利益相关者
1	公共委托人	成都市政府、成都自来水总公司
2	股东	Veolia 集团、Marubeni 集团
3	债权人	亚洲开发银行、欧洲投资银行
4	特许权受让人	CGMW
5	分包商	Campenon Bernard—SGE、Omnium de Traitements et de Valorisation、SADE Compagnie Generale de Travaux d'Hydraulique
6	供应商	50% 为当地供应商
7	雇员	均为中国员工
8	最终用户	成都市民
9	项目接收人	XR 集团

中央政府选择 CD 项目作为水务行业的试点 PPP 项目，是希望将它打造为水务项目开发的典范，以吸引更多的国内外投资。作为试点项目，它也引起了业界和学术界的关注。其中，Chen[118]全面回顾了 CD 项目的发展过程，包括合同结构、主要利益相关者作用以及风险分担，还识别出 CD 项目模式再应用性的六个影响因素：①项目的旗舰地位；②地方政府承担的风险和责任较大；③贷款人参与项目开发过程；④施工、维修材料采购国产化；⑤采用可靠、经济的技术；⑥审批流程复杂、开发过程耗时。基于上述因素，Chen 认为 CD 项目可以成为今后的水务项目开发的重要参考，但不太可能被完全复制。

6.2.3 移交现状：As-is 模型

经过分析，首先建立了两级层次结构来反映中国 PPP 项目移交过程的现状。

第一层由 A-0 代表，它显示了项目移交阶段与其外部环境之间的连接。第二层由 A0 表示，它以更详细的方式展示了项目移交阶段，将其分解为几个步骤，各个步骤由 18 个移交过程因素连接在一起。As-is 模型移交过程因素及其来源见表 6-4。

表 6-4 As-is 模型移交过程因素及其来源

因素		来源								
		[119]	[120]	[121]	[89]	[88]	[122]	[123]	[124]	其他（媒体文章、行业报告等）
过程控制因素	合同制度	×	×		×	×	×	×		
	移交委员会	×					×			
	项目公司	×				×	×			
	政府机构	×	×		×	×				
	可用资源	×				×	×	×		
	基础设施	×				×	×			
	技术文件			×						
	移交经验	×					×	×		
	物有所值	×								
产品因素	移交安排					×				
	整修后资产					×				
	可接收资产					×				
	已移交资产									×
	公共资产					×				×
	移交知识							×		
反馈因素	PPP 绩效信息	×						×		×
约束因素	外部约束					×	×	×		
	移交参与人约束					×	×			

6.2.3.1　A-0 层

对中国 PPP 项目移交过程"最综合"的概括可由 A-0 层得到，它只包含一个方框和一些连接到外部的关键因素（图 6-3）。移交（图中以 A0 表示）这一过程的输入因素有可用资源（如资金、时间、人员等）、基础设施和技术文件。

移交产生的输出因素有 PPP 绩效信息（这些信息反向流入项目开始阶段改进 PPP 项目开发过程）、管理移交阶段所产生的移交知识和移交经验，以及属于公众的项目资产。移交过程受四项控制因素制约：合同制度、移交参与人约束（移交需要的人手和工作量）、外部约束（如天气、法律等）和政府预期的物有所值。移交的机制因素指的是移交过程的支持机构，包括项目公司、政府机构和移交委员会。这些因素的详细定义将在本节后面部分给出。

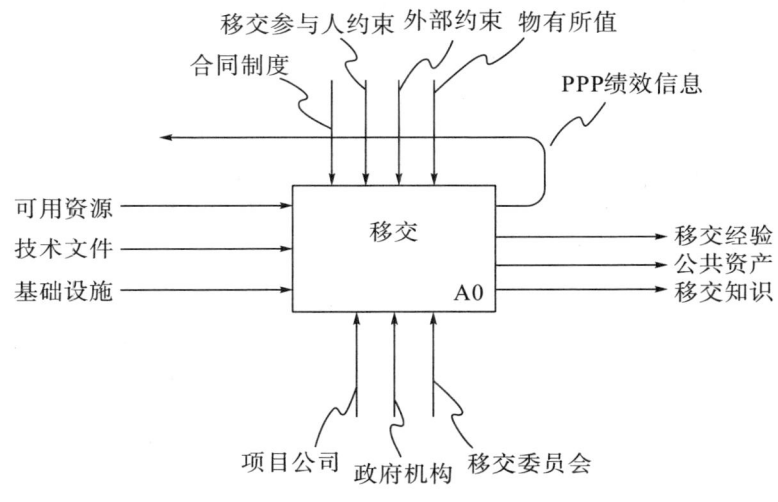

图 6-3　As-is 模型的 A-0 层

6.2.3.2　A0 层

第二层（A0 层）为移交过程的详细分解，包括图 6-4 所示的 4 个步骤[119]。

(1) 移交准备（A1）：包括使项目相关资产做好移交准备所需的所有活动。在中国，这项工作通常在 PPP 项目合同到期前一到两年开始。通过移交委员会会议，政府和项目公司就移交计划的细节进行谈判。技术文件和基础设施现状是制定详细的移交安排（涉及资产大修计划、移交清单等）的主要参考资料，随后项目公司按照安排进行项目资产恢复性大修，进而得到大修后资产。这一过程的产出还包括参与这一步骤的各方所获得的知识和经验。所有这些活动都会消耗一定的可用资源，如时间、金钱等。

(2) 评估测试（A2）：包括检查大修后资产状况是否满足政府接收标准所需的所有活动。与 A1 步骤类似，该步骤主要由政府、项目公司和移交委员会支持，受到移交参与人约束、外部约束和合同制度的控制。同时，评估测试过程也受到 A1 步骤产生的移交安排的控制。输入因素包括大修后资产和可用资源，输出因素有可接收资产、移交知识和在这一步骤中获得的移交经验。

(3) 资产交割（A3）：包含完成项目资产正式移交所需的所有活动。因此，主要输入因素是在这一步骤中消耗的可接收资产和可用资源。同样地，合同制度、移交参与人、外部条件和移交安排从多个方面制约该步骤。主要机制因素仍然是政府、项目公司和移交委员会。通常，这一步以正式的移交典礼作为结束。在移交典礼上，项目资产完成正式移交。因此，可知执行这一步骤的输出因素包括已移交资产以及移交知识和经验。

(4) 评估 PPP 绩效（A4）：包含了衡量 PPP 项目生命周期绩效所需的所有活动。在这个步骤中，将系统地评估移交后的资产（有形和无形的），以得到 PPP 项目生命周期运作的知识和经验。与此同时，随着政府成为项目移交后的新运营责任主体，资产属性自然转变为公共资产。由于在这一步中社会资本已脱离主要合同责任，绩效评估工作只能由相关政府机构（例如财政部门）负责执行。此外，控制因素同样包含移交参与人和外部约束，以及在项目开发初始阶段政府所提出的物有所值要求。

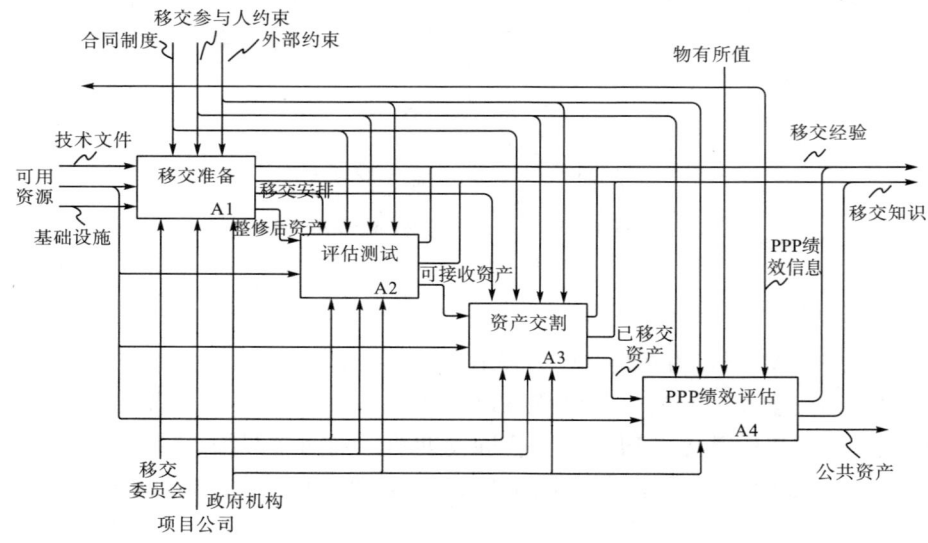

图 6—4　As—is 模型的 A0 层

6.2.3.3　移交过程因素分析

有 18 个移交过程因素将上述 4 个步骤与项目移交阶段的外部环境联系起来，它们在图 6—4 中以箭头表示。本章节以 Sanvido[125]、Chan 和 Chen[126] 为参考，根据这些过程因素在模型中作用的相似性，将其分为 4 组，即过程控制因素（Process Control Factors）、产品因素（Product Factors）、反馈因素（Feedback Factors）和约束因素（Constraint Factors）。各关键因素的定义基于它们的来源,但进行了必要的重新表述,以符合项目移交阶段的特点。

(1) 过程控制因素。

过程控制因素是在整个移交过程中不可缺少的,并且应该在项目移交阶段开始前就做好充分准备的关键因素。

1) 合同制度(Contract System)是指各 PPP 项目参与方之间的法律文件,这些文件规定了服务的实施范围和参与方在提供服务过程中的作用。合同制度是制定和实施移交安排的基础。当然,其中最重要的合同是政府和社会资本之间的特许经营权协议(Concession Agreement),在理想的情况下,该协议规定了项目移交阶段的所有细节,如移交范围、移交时间等。

2) 移交委员会(Transfer Committee)是由政府和社会资本双方代表组成的、旨在使双方沟通顺畅的专责工作组。通常,移交委员会的设置是在特许经营权协议中预先设定的,移交委员会的职能随着项目移交阶段的开始而被激活。移交委员会有效运作的关键之一是所选双方代表的能力合格。

3) 项目公司(Special Purpose Vehicle)是指承担应有的 PPP 项目合同义务的企业法人。在常规运营阶段,项目公司负责项目日常运营并提供产品,从而获得合理稳定的利润。然而,在开展项目移交阶段工作的时候,项目公司需要承担更多的责任(如最终彻底检修、员工培训等),这些责任往往不会产生额外的利润。

4) 政府机构(Government Agency)需要在 PPP 项目生命周期中分担风险和责任,以便为社会资本创造有利的项目开发环境。政府的积极参与对项目移交阶段来说尤其重要,因为在移交过程中,项目公司由于对成本的考虑,可能缺乏履行额外责任的积极主动性。

5) 可用资源(Available Resource)包括参与移交的各方投入移交工作的所有资源(例如时间、金钱、工具、精力、智力和工作地点等)。英国国家审计署建议,参与 PPP 项目开发的各方必须投入其最好的资源,才能确保项目成功。显然,项目移交阶段的成功也受到投入资源的影响。

6) 基础设施(Infrastructure)是指需要被移交的项目资产的物质部分。考虑到基础设施在持续服务数十年之后会不可避免地贬值,政府有必要要求项目公司在移交前对基础设施进行彻底检修。彻底检修后,还应对所有相关设施和设备进行评估测试,以保证其达到可接收的条件。

7) 技术文件(Technical Documents)是指待移交项目资产的数据部分,包括建设、运营、维护等阶段记录的各类关键数据。这些文件为项目移交阶段准备工作以及 PPP 绩效评估提供重要的参考。由于建筑行业的产品通常是一次性的,技术文件在此类产品绩效评估中显得更加重要。

8) 移交经验(Transfer Experience)指的是项目移交阶段管理过程中产生

的信息和知识。它并不是像技术文件那样的正式记录，而是存在于其他媒介中，例如公司的声誉、移交参与人的记忆等。丰富的经验可以提高移交参与人在移交过程中处理一些不确定性事件的能力。

9) 物有所值（Value for Money）是政府采用 PPP 模式开发基础设施的首要目标和动机。根据中国的 PPP 政策，物有所值评价应该在项目开发阶段进行，实际上，物有所值也可以用于评估 PPP 项目生命周期中的绩效。然而，物有所值评价在中国还处于非常初级的阶段，目前对其计算方式的批评仍然存在。

（2）产品因素（Product Factors）。

产品因素指的是在项目移交阶段的某一步骤中产生的，并被其他步骤用作输入或控制的移交过程因素。根据自身性质，产品因素可以进一步分为两类：物质产品和信息产品。

1) 物质产品包含 4 个与项目资产有关的因素。这 4 个因素实际上指的是同一批资产由项目移交阶段的不同步骤处理后的不同状态。

a) 整修后资产（Refurbished Assets）指的是对资产进行恢复性大修，其功效如预期的那样得到了提高。也就是说，这个因素由 A1 步骤产生，A2 步骤使用。

b) 可接收资产（Acceptable Assets）指的是那些通过测试，性能可以被接受，即将在下一步骤中进行移交的资产。这个因素连接了 A2 步骤和 A3 步骤。

c) 已移交资产（Transferred Assets）是指已正式由社会资本移交回政府，并在移交后将进行系统评估和后续使用的资产。它们来自 A3 步骤，并流入 A4 步骤。

d) 公共资产（Public Assets）是指开始用于为公众提供产品或服务的资产。其通过项目移交阶段的 A4 步骤进入项目生命周期的移交后阶段。

2) 信息产品：通过 As-is 模型，在项目移交阶段中识别了两种信息产品，即移交安排（Transfer Arrangement）和移交知识（Transfer Knowledge）。它们被用来促进各个移交步骤的执行以及移交之后的管理活动。

a) 移交安排指经过政府和社会资本双方同意的移交安排计划。这个计划定义所有关于移交的细节，如大修计划、待移交资产清单和移交日程等。理想情况下，它应当是在特许经营协议中被清楚定义，但在现实中，它往往取决于项目移交阶段的谈判过程，因为在签署于几十年前的特许经营协议中有关移交的条款往往是不符合现实需求的。

b) 移交知识涉及项目移交阶段每一步中记录结果信息的文件档案。在一个过程中，一项功能的运行信息可以促进其下游功能的顺利实现。同样，从项目移交阶段获得的移交知识对项目的移交后运营也必然是有好处的。

(3) 反馈因素。

这类因素被产生后将返回到 PPP 项目开发过程的起点，通过优化在整个 PPP 项目生命周期中做出的决策来促进项目移交阶段的管理。

PPP 性能信息（PPP Performance Information）是 As-is 模型中唯一的一个反馈因素。它是在项目移交阶段的 A4 步骤生成的，对于改进未来 PPP 项目开发过程中的各项决策有参考价值。

(4) 约束因素。

这类因素与限制项目移交阶段的约束条件有关。众所周知，任何业务过程都会受到一定的限制（如进度、人力、预算等），这些限制的存在体现了管理活动的必要性。在项目移交阶段，限制主要来自两个方面：

1) 移交参与人约束（Transfer Participants' Constraints）是指政府和社会资本安排的参与移交的人员所产生的限制。如前所述，项目移交阶段需要政府和社会资本的额外投入。一般来说，指定专人负责移交是必要的，但这些人员又往往是为这一特殊目的从其他岗位临时召集的。因此，被指定参与移交的人员数量或能力直接关系到移交过程的效率。

2) 外部约束（External Constraints）是指可能阻碍或影响移交过程的环境因素。这些因素包括天气、法规、文化、经济、政治制度、技术等。外部约束的一个共同特性是它们都不受移交参与人的控制。

6.2.4 移交优化：To-be 模型

As-is 模型具有两层层次结构，由与 PPP 项目移交相关的多种元素构建而成。它描述了中国目前的移交管理过程。之后，研究人员利用该模型分析彼时正处于项目移交阶段的 CD 项目，以此作为案例识别存在于中国水务行业 PPP 项目移交管理过程中的不足。本节介绍了识别出的不足以及所提出的解决方案。表 6-5 概括了涉及的不足与解决方案。

表 6-5　中国 PPP 项目移交现状中的不足及解决方案

不足	解决方案
● 原 A1 步骤，包含了特征差异很大的活动，给有序管理这一步骤带来很大难度。	● 将此步骤进一步拆分为两步：A1 移交准备和 A2 资产大修。
● 对最终恢复性大修计划达成一致意见耗时太长。	● 适当增加项目移交阶段的时间； ● 了解 A1 步骤包含的次级步骤和过程因素。

续表6-5

不足	解决方案
● 项目接收人确定不够及时，降低了决策效率。	● 政府应前置部分与移交后安排相关的工作； ● 为完整且有效地完成移交安排，在项目移交阶段末增加"移交收尾"步骤。
● 原移交管理过程主要关注项目资产，忽视了项目人员安排的重要性。	● 强调妥善处理与人员离职相关的问题的关键性，可能的问题有员工安排和新员工培训。
● 由于评估过程的复杂性，在相对较短的项目移交阶段完成原A4步骤，评估PPP绩效，是不切实际的。	● 政府应在移交后认真开展PPP绩效评估。
● 移交过程模型中的一些移交过程因素的质量偏低（如合同制度、移交委员会、移交经验、项目可接收标准等）。	● 在移交开始之前提升所有模型因素质量。

6.2.4.1 中国PPP项目移交管理的不足

（1）混乱的移交准备过程。

项目移交阶段的第一步是移交准备。这一步骤产生了两种移交过程因素，即移交安排和整修后资产。这里的移交安排是指经过双方同意的移交计划，而整修后资产则与项目公司实施移交计划相关。由上可知，这两个因素的产生需要不同的责任人，经历了完全不同的工作流程。然而，定义"步骤"的基本原则是将具有类似工作流程、特征和结果的活动放在一起。因此，当具有不同工作流程、特性或结果的活动定义到同一个步骤中，并同时进行管理时，冲突就可能会发生。

这种冲突在CD项目的移交准备中得到清楚的体现。在2015年8月11日第一次移交委员会会议召开前，项目公司向成都市政府提交了初步的移交方案，CD项目的移交准备工作在一开始是进展顺利的。然而，出人意料的是，之后双方花了很长时间也没有就移交方案的细节安排达成一致。双方的僵持一直持续到最终恢复性大修的预定开始时间，对移交安排的讨论始终没有取得实质性进展。考虑到自身利益，项目公司决定单方面启动原本必须在移交安排出台之后开展的大修工作，同时，项目公司继续与成都市政府就移交方案进行谈判。在此情况下，成都市政府只能在与项目公司的谈判中做出妥协，因为前者无法同时兼顾冗长的谈判过程与必要的大修监督过程。这种程序颠倒所带来的混乱进一步破坏了谈判的效率，同时也使大修过程面临监督不力的风险。

（2）争议不断的大修计划制订过程。

诸多PPP项目的一个重要特点是生产过程依赖大量的设施和设备。这个特点意味着，对于这些PPP项目，大修清单涉及的设施和设备也比较多。而由于中国还没有受业界普遍认可的PPP项目大修指南或经验，大修计划的制订不得不经历一个漫长且争议不断的谈判过程。也就是说，大修清单包含的内容越多，出现的争议也就越多。

在CD项目中，大修计划涉及的设施、设备等超过180项，想要迅速就大修的细节达成共识是很难的。此外，特许经营协议中涉及最终恢复性大修工作的条款也无法提供有效帮助，反而带来了更多的争议。例如，协议中要求最终恢复性大修应包括"检查和修理、裂缝检测、测试和更换磨损和有缺陷的零件"。但是，合同中并没有说明什么条件下零件是需要修理还是需要更换。因此，对于定义不明确的条款，项目公司和成都市政府都是从有利于自身的角度来理解，导致了争议发生。即使就某一零件是该维修还是更换达成了协议，新的争议也会随之产生，比如"新零件该用国产品牌还是进口品牌"。更重要的是，目前中国关于PPP管理的制度环境还不成熟，比如在CD项目的移交中连基本的议事规则也迟迟未明确，以及大修技术标准缺失等，也导致制订移交计划过程中争议的产生。

（3）项目接收人确定不及时。

对于移交后的PPP项目，虽然名义上将由政府负责，但按照中国的法律，政府既无法也不能直接运营该项目。因此，当移交过程完成后，项目将由通过一定的方式（比如指定或招标）确定的项目接收人来承担移交后的运营管理责任。在这种情况下，项目接收人应该是项目移交阶段的密切参与者。然而，它的重要作用在As-is模型中并没有得到体现。

在CD项目中，对项目接收人的疏忽直接影响了项目的移交进度。CD项目的指定接收人是成都市内的一家大型水务公司——XR集团。但它的名字直到2017年2月4日才出现在移交委员会的会议记录中，此时距项目移交阶段开始已经过去了18个月。项目接收人的确定不及时导致了许多弊端。首先，由于缺乏项目接收人应具备的专业知识，成都市政府在理解和讨论移交计划中的技术问题时存在一定难度，导致与项目公司的沟通非常低效。其次，没有项目接收人的直接参与，很多关于移交安排的细节根本无法确定。因此，由于项目接收人的确定不及时，CD项目移交管理的整体效率大大降低。

（4）对人员安排重视不够。

在移交工作进行期间，项目公司员工必须对自身去留做出决定。做出这个决定并不容易，需要对未来职业发展和生活做出全盘考虑，而在移交期间，这两个方面往往又是不确定的。这种不确定来自两个方面。一方面，对于已经在项目工作多年，并在项目所在地建立了家庭且适应了当地生活方式的员工，做出离开的决定是很难的；另一方面，如果选择留下，则需要面对政府通常不会承诺接收任何一线员工的不确定性。

在人员安置方面，CD 项目是一个很特殊的例子。原项目公司所有一线员工都选择留在工厂，而成都市政府也接受了他们的意愿。因此，在 CD 项目的移交中，没有出现有关人员安置和新工作人员培训的问题。但是，正如一些受访者所提到的，这个完美的结果主要取决于项目本身的良好条件以及成都市政府强大的承受能力。对于那些不能满足以上两个条件的 PPP 项目，处理人员的安置问题就可能变得非常敏感和复杂。受访者还表示，如果没有适当的解决办法，过渡时期的项目运营也可能因为人员安置问题面临运营风险。然而，中国目前的 PPP 项目移交管理制度对这一关键因素还缺乏足够的重视。

（5）评估 PPP 项目生命周期绩效的不现实性。

绩效评估是 PPP 项目合同管理的重要任务之一。然而，现有的绩效评估方法大多仍存有争议，即便是在 PPP 市场成熟的国家和地区。其主要原因在于 PPP 项目本身的复杂性。因此，想要在项目移交阶段结束之后的一小段时间内完成 PPP 项目生命周期性能的评估（A4 步骤）显然是十分困难的，甚至可以说是不现实的。

CD 项目的移交过程证明了上述不现实性。根据特许经营协议，CD 项目的项目移交阶段涵盖特许经营期的最后三年，即 2015 年至 2017 年。2015 年 8 月 11 日，经过 15.5 年的运作，CD 项目的移交委员会如期成立，着手准备项目移交工作。在整个项目移交阶段，成都市政府和项目公司双方均积极参与各项工作。例如，资料显示，在第一次移交委员会会议后不到一周，成都市政府就派出技术专家进入水厂，对项目公司提出的大修计划进行验证。虽然成都市政府移交参与人工作十分投入，但他们也承认在如此有限的时间内想完成 PPP 绩效评估是不可能的。项目公司曾尝试聘请顾问对项目绩效进行评估，但由于难以找到胜任的咨询团队而放弃。Wen[127] 也提到了评估 PPP 项目生命周期绩效的不切实际。他调查了中国另一个著名的 PPP 试点项目——来宾 B 电厂，得出的结论是，鉴于 20 年来政府和社会资本合作关系的起起落落，很难对该电厂的生命周期绩效做出客观准确的评估。

（6）移交过程因素质量偏低。

通过移交过程模型识别的移交过程因素可以看作潜在的关键成功因素（CSF），当这些因素被完全满足时，就可以保证过程的成功。换句话说，过程因素的质量直接关系到过程的成功。对于 PPP 项目的移交过程，As-is 模型中一些过程因素的质量偏低，对移交的进程产生了不良影响，这在 CD 项目中也得到了清楚的反映。

通过对 CD 项目的 18 个移交过程因素的分析，可以发现部分过程因素出现了质量偏低的问题。例如，"合同制度"这一因素应该更具有指导意义。如前所述，CD 项目的特许经营协议对移交安排的描述相当粗略，这引起了项目公司和成都市政府之间层出不穷的争议。另一个需提高质量的因素是由三名政府方代表和三名社会资本方代表组成的移交委员会。具体来讲，三名政府方代表均来自成都市政府的行政管理部门。实践证明，行政人员缺少必需的专业知识来应对需要大量水务 PPP 专业知识的问题。因素"移交经验"的低质量并不令人意外，因为到目前为止，全世界范围内也很少有 PPP 项目达到了项目移交阶段。此外，由过程因素质量不高所带来的挑战，有可能会对那些开发和维护不如 CD 项目的水务 PPP 项目造成更严重的影响。

基于以上分析可以得出的结论：在案例研究中观察到的 PPP 项目移交管理的不足并不是由一些罕见的、独特的问题引起的。相反，这些不足是与 PPP 管理体制不成熟、流程设计不合理等共性缺陷密切相关的，很可能蔓延到其他任何 PPP 项目的项目移交阶段。因此，为了更好地进行移交管理，大多 PPP 项目都可能面临的这些共同的挑战应该得到及时的应对。

6.2.4.2　To-be 模型：GTPM

与 As-is 模型相比，GTPM 总共包括 5 个步骤和 23 个过程因素（图 6-5）。表 6-6 总结了模型升级相关的步骤和过程因素，详细讨论如下。

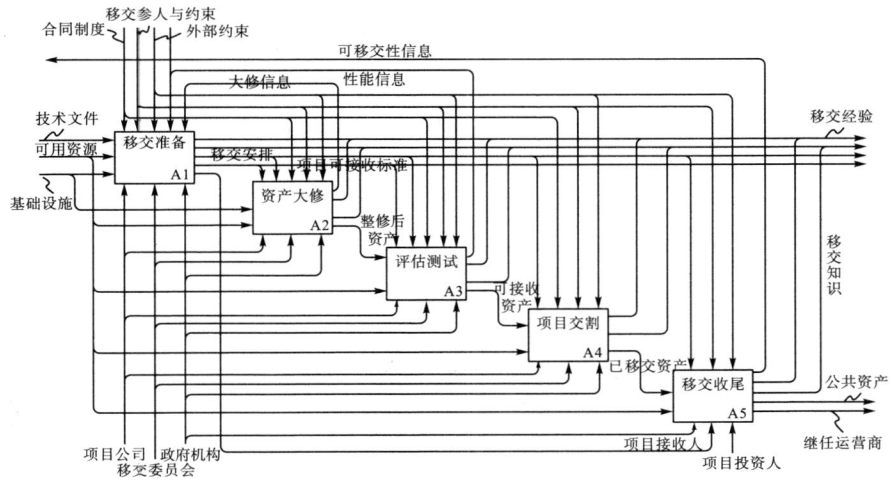

图 6-5　移交（A0）：To-be 模型

表 6-6　模型升级相关的步骤和过程因素

步骤/过程因素	采取的措施	定义
● 原 A1，移交准备（拆分为两个步骤）	● A1，移交准备	● 除去关于最终恢复性大修的内容，其余与原定义一致。
	● A2，资产大修	● 包括所有维修会更换待移交项目资产的活动。输入包括设计基础设施和可用资源，输出包括相关经验和知识、大修信息（如大修报告）和整修后资产。整个过程由项目公司负责，受政府机构监督。这一步骤同样需要与移交安排与项目可接收标准一致，并受到移交参与人和外部条件的约束。
● 原 A3，资产交割	重命名为： ● A4，项目交割	● 除原步骤所包含的活动和因素，还包含在特许经营期结束前进行妥善的人员安排和新员工培训。
● 原 A4，PPP 绩效评估	去掉	
● 原 A2	更改序号为 A3	无变化。
● A5，移交收尾	新增	● 包含完成所有与剩余移交任务和移交后运营准备相关的活动。输入包括已移交资产和可用资源，输出包括移交经验和知识、公共资产、继任运营商。这一步骤主要得到政府机构、项目投资人和项目接收人的支持，受移交参与人和外部条件的约束。
● VFM	去掉	
● PPP 绩效信息	去掉	
● 项目投资人	新增至过程控制因素组	● 投资或发起 PPP 项目的实体。这一因素在项目公司已经完成主要移交任务的 A5 步骤开始发挥作用。
● 项目接收人	新增至产品因素组	● 代表政府对移交后的项目负责的实体。该因素由 A1 步骤通过特定方式产生（如招标或指定），并且作为机制因素进入 A5 步骤。
● 项目可接收标准	新增至产品因素组	● 可供政府评估和测试项目资产的、可执行的标准。这一因素应在 A1 步骤准备就绪并作为 A3 步骤的控制因素。
● 继任运营商	新增至产品因素组	● 移交后负责项目运营的实体。该步骤是 A5 步骤的产出并流入项目的移交后运营阶段。

续表6-6

步骤/过程因素	采取的措施	定义
● 大修信息	新增至反馈因素组	● 关于大修工作完成情况的信息。该步骤由A2步骤产生，体现了大修工作的所有任务是否已完成。根据这一信息，可对A1步骤中的决策做必要调整。
● 性能信息	新增至反馈因素组	● 关于项目资产性能的信息。该步骤由A3步骤产生，体现了项目资产是否已经具备移交条件。根据这一信息，可对A1步骤中的决策做必要调整。
● 可移交性信息	新增至反馈因素组	● 关于可移交项目一般性特征的信息。该因素由A5步骤产生，通过影响PPP项目开发初始阶段的决策来改善项目移交阶段的管理。

（1）重新定义原A1步骤。

在GTPM中，原来的A1步骤被拆分为两个步骤：移交准备（A1）和资产大修（A2）。这一改变的目的是将移交的准备工作同项目资产的大修分开，以便这两个过程的边界能够更加清晰，开展更加有序。这一改变还可以提醒移交管理的实践者，项目移交阶段的首要任务是为移交过程制订一个全面、可行的计划。为此，双方应充分利用各自的资源和智慧，有效率地就有关安排达成共识。当移交安排与相关细节确定后，项目公司则可进行后续大修工作，此时政府机构的工作重点转变为大修监督。由于移交的计划制订过程（A1）和计划的实施过程（A2）划分清晰，从业者可以充分认识到自身责任动态变化和每一步的工作重点，对投入项目移交阶段的有限资源和精力进行合理配置。

（2）分解新A1步骤。

鉴于此案例暴露出的这一步骤存在的不足，有必要建立一个细节层次更加丰富的路径图来说明移交准备过程。如图6-6所示，本研究通过将新A1步骤分解到第三层（A1层）来实现这一需求。这一层包含三个子步骤（A11、A12和A13），以及若干子因素。这些子步骤始于政府对项目移交阶段和移交后运营的提前规划。由于政府在PPP项目移交方面经验不足，需要更多时间来决定适当的项目接收人和接收条件，这是后续活动的关键因素，因此政府在正式的项目移交阶段开始之前，必须推进相关工作。同时，项目公司应完成资产大修初步计划、人员安排计划和移交清单的编制。在对各自职责和需求有明确认识后，双方可聚在一起，就移交细节开展有效讨论，以验证移交安排和接收标准的合理性。

此外，在实践中，鉴于大多数中国的水务PPP项目合同都以CD项目合同为基础，这些项目的特许经营协议对项目移交阶段的模糊定义所引起的问题将较为普遍。因此，双方还应认识到，可能会根据反馈因素（图6-10中的"移交安排修改信息")不断对移交安排做出修正。在这种情况下，政府和社会资本双方提升各自需求的合理性可有助于双方缩短谈判时间。此外，事先制定可行的议事规则也可缩短谈判时间，尤其是在中国的 PPP 制度仍处于发展中的情况下。

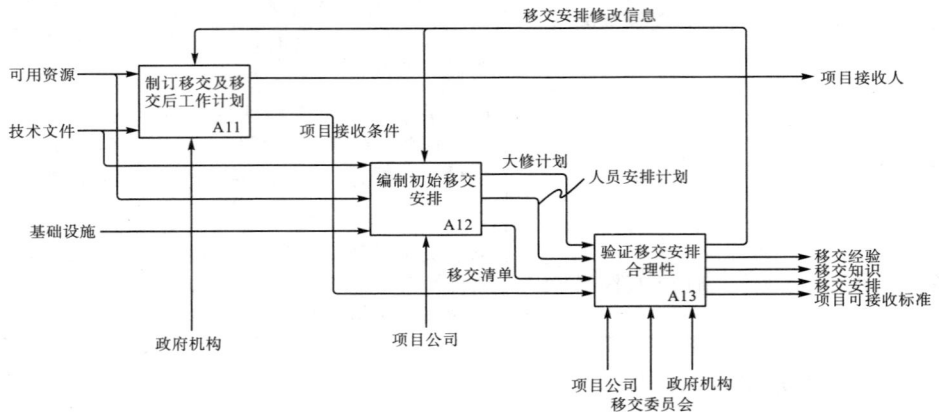

图 6-6　移交准备（A1）：To-be 模型

（3）重命名新 A4 步骤。

在 As-is 模型中，A3 步骤（资产交割）在 GTPM 中被重新命名为 A4 步骤（项目交割）。这一变化旨在强调移交不仅涉及项目资产，而且还需要充分注意处理其他问题，比如与一线员工安排相关的问题。对于此问题，项目公司应事先进行深入沟通，以了解员工的真实想法。而且在制定移交安排时应充分考虑到员工的合理要求。政府还应提早参与对员工的调查，借此对员工进行必要的评估并相应做出适当的决定。如果移交造成员工离职，确保告知其后续安排，同时对空缺职位进行招聘并及时对新员工进行必要培训。

（4）顺延原 A4 步骤。

将这一步骤置于项目移交阶段之后，并不是认为评估 PPP 项目生命周期绩效不重要。这只是因为项目移交阶段时间太短，不能系统地进行复杂的评估。此外，目前仍然没有既可靠又实用的办法来评估中国 PPP 项目的绩效，因为在目前的发展阶段，应用 PPP 项目生命周期绩效评估方法的环境并不成熟（中国的 PPP 项目发展还处于初级阶段，PPP 项目数据保存不善，以及特殊的政治经济制度等）。如果没有可靠的方法，评估结果的可靠性就得不到保证。因此，为保证 PPP 项目生命周期绩效评估具有参考价值，本研究建议政府在移交后，在慎重选择方法和确保全面收集数据的前提下，系统地安排时间和团队来开展这一工作。

(5) 制定 A5 步骤。

移交收尾工作非常重要，因为 PPP 项目的移交不是项目的结束，而是两种项目运营方式之间的一种过渡。最好的情况是这种过渡顺利进行，不会造成中断提供产品或服务。为实现这一目标，需要彻底完成所有移交收尾工作，例如与继任运营商建立新的合同伙伴关系，所有相关事项（如项目资产、人员、作业指导书、承包商担保、技术、专业知识等）落实到位。通过这一步骤，涉及项目移交后运营的若干关键利益相关者（如在 As-is 模型中未予说明的项目接收人、投资人和继任运营商）在 GTPM 中都得到了强调。

(6) 提高过程因素的质量。

本章最终在 GTPM 中确定了共计 23 个移交过程因素。案例分析表明，能否移交成功与这些过程因素的质量密切相关。这里需要注意的是，CD 项目是根据国家 BOT 计划开发的，而且在工程质量和后期运营维护方面表现出色[118]。然而，由于项目移交阶段某些因素质量偏低，CD 项目的移交也遇到了一些困难。对于中国当前其他大多数 PPP 项目而言，由于过去政府的监管体系比较薄弱，其运营状况几乎不为公众所知，因此，这些项目未来的移交工作很可能会遇到低质量因素带来的类似挑战。在这种情况下，GTPM 通过揭示为进行更好的移交需要关注哪些因素并提前采取相应措施以保持这些因素的良好质量，为 PPP 项目顺利移交做出贡献。

6.2.5 关键移交成功因素（CTSF）

通过问卷调研，本节研究了 GTPM 中识别的 5 个关键步骤的完整性和 23 个过程因素的相对关键性（问卷详见附录二）。总的来说，大多数专家受访者认为，5 个关键步骤是完整的，对于描述中国 PPP 项目移交阶段的整个过程是不可或缺的；一些人则认为，尽管提出的 5 个步骤是必要的，但仍有一些缺失的步骤，例如新员工培训、绩效测试和生命周期绩效评估。事实上，本节之前的案例研究分析了这些活动对成功移交的关键性，研究结果是要么将它们定义为某些步骤下的产出（例如，To-be 模型 A1 步骤下的人员安排计划），要么证明它们在项目移交阶段无法实行（例如，评估 PPP 项目生命周期绩效）。因此，调查结果实则成功证明了这 5 个关键步骤的完整性和必要性。本节后续部分侧重于 23 个过程因素的相对关键性，并相应讨论了识别的关键移交成功因素。

6.2.5.1 数据分析结果概述

在对所有调查回收的数据进行均值分析后，确定了 23 个移交过程因素的关键性平均值，范围从 3.94 到 3.12 不等。表 6-7 显示，7 个因素的均值超过

3.9，13个因素的得分在3.5至3.9之间，其余3个因素显示的均值在3.12至3.5之间。在得分超过3.9的7个因素中，前5个得分均为3.94。多个过程因素得分并列第一的情况在过去的PPP研究中极为罕见。事实上，表6-7前两列标为灰色背景的前11个因素之间的差异很小，不到0.17。这表明，根据专家受访者的评估，GTPM过程因素的关键性彼此是十分接近的。

但是，可以注意到的是，来自不同利益相关者的专家受访者做出的评估存在一些有趣的差别。学术机构受访者通常对过程因素关键性的评分最高，而咨询机构受访者给出的评分最低。其余的受访者大多数来自政府和社会资本，给出的评分接近平均水平。此外，观察四类利益相关者中每一类利益相关者下方关键性得分最高的5个因素（表6-7中四类利益相关者下方灰色背景部分）可以看出，学术机构、政府和社会资本对大多数因素给出的评分都超过4.0，而咨询机构对所有5个因素给出的评分均低于4.0。此外，就不同利益相关者挑选的5个关键性最高的因素的具体清单而言，学术机构和政府的结果几乎相同（例如SF6、SF7、SF12和SF20），而社会资本和咨询机构的结果则大致相似（例如SF1、SF11、SF12和SF17），这正如表6-7中每类应答者下方标为灰色背景的因素所示。

表6-7 移交过程中过程因素关键性均值和排名

	全体专家			学术机构			政府			社会资本			咨询机构		
	N	均值	排名	N	均值	排名	N	均值	排名	N	均值	排名	N	均值	排名
过程控制因素		3.63			3.92			3.52			3.79			3.17	
SF1: 合同制度	52	3.94	1	11	3.91	17	9	3.78	10	18	4.11	4	11	3.82	1
SF2: 移交委员会	52	3.52	19	11	3.91	15	9	3.22	19	18	3.61	20	11	3.18	15
SF3: 项目公司	52	3.63	16	11	4.00	9	9	3.44	16	18	3.94	11	11	3.09	19
SF4: 政府	52	3.71	14	11	3.91	16	9	3.89	7	18	3.83	17	11	3.18	16
SF5: 可用资源	52	3.12	23	11	3.64	20	9	2.78	23	18	3.22	23	11	2.82	23
SF6: 基础设施	52	3.94	1	11	4.27	2	9	4.22	1	18	4.00	7	11	3.18	14
SF7: 技术文件	52	3.90	7	11	4.36	1	9	4.00	3	18	3.89	15	11	3.36	8
SF8: 移交经验	52	3.58	17	11	3.55	21	9	3.22	20	18	4.06	6	11	3.09	17
SF9: 项目投资人	52	3.29	22	11	3.73	19	9	3.11	21	18	3.44	22	11	2.82	22
产品因素		3.79			4.06			3.67			3.94			3.37	
SF10: 整修后资产	52	3.69	15	11	4.18	6	9	3.78	8	18	3.89	12	11	2.91	21
SF11: 可接收资产	52	3.92	6	11	4.09	8	9	3.78	9	18	4.11	3	11	3.55	3
SF12: 已移交资产	52	3.94	1	11	4.27	4	9	3.89	5	18	4.06	5	11	3.45	5

续表 6-7

	全体专家			学术机构			政府			社会资本			咨询机构		
	N	均值	排名	N	均值	排名	N	均值	排名	N	均值	排名	N	均值	排名
SF13：公共资产	52	3.58	17	11	3.82	18	9	3.78	11	18	3.50	21	11	3.36	10
SF14：移交安排	52	3.77	10	11	4.18	5	9	3.56	13	18	3.89	14	11	3.55	4
SF15：移交知识	52	3.73	13	11	4.00	13	9	3.67	12	18	3.89	13	11	3.09	18
SF16：项目接收人	52	3.77	10	11	4.00	12	9	3.44	17	18	4.00	10	11	3.36	7
SF17：项目可接收标准	52	3.94	1	11	4.09	7	9	3.56	14	18	4.17	1	11	3.73	2
SF18：继任运营商	52	3.75	12	11	3.91	14	9	3.56	15	18	4.00	9	11	3.36	6
反馈因素		3.87		11	4.09		9	4.00		18	4.00		11	3.30	
SF19：大修信息	52	3.94	1	11	4.00	10	9	4.22	2	18	4.17	2	11	3.27	11
SF20：性能信息	52	3.88	8	11	4.27	3	9	3.89	4	18	4.00	8	11	3.27	12
SF21：可移交性信息	52	3.79	9	11	4.00	11	9	3.89	6	18	3.83	16	11	3.36	9
约束因素		3.45		11	3.50		9	3.22		18	3.81		11	3.14	
SF22：移交参与人约束	52	3.50	20	11	3.55	22	9	3.33	18	18	3.78	19	11	3.27	13
SF23：外部约束	52	3.40	21	11	3.45	23	9	3.11	22	18	3.83	18	11	3.00	20

6.2.5.2 识别关键移交成功因素（CTSF）

本节进行了单样本 t 检验，以检查 GTPM 中各个过程因素的关键性平均值是否具有统计学意义，设定的检验值为 3.00，P 值为 0.05，置信度为 95%，借此对 CTSF 进行了识别。原假设 H0 是指"均值在统计学意义上显著"，而替代假设 H1 是指"均值在统计学意义上不显著"。如 P 值小于 0.05，则应拒绝原假设。也就是说，如果 P 值小于 0.05，那么该因素对于移交过程取得成功具有显著关键性，因此可被确定为 CTSF。表 6-8 总结了 GTPM 过程因素关键性测试结果。从中可以看出，单样本 t 检验技术生成的所有 P 值〔表 6-8 中显示为 $Sig.$（2-tailed）〕，除"可用资源"的显著性水平为 0.411（大于 0.05），其余均小于 0.05。这一结果表明，除"可用资源"，GTPM 的所有过程因素在统计学上对于移交过程取得成功都至关重要，同时意味着识别了 22 个 CTSF。

表 6-8 GTPM 过程因素关键性测试结果概要

过程因素	N	均值	排名	t	df	$Sig.$（2-tailed）
SF1	52	3.94	3	6.122	51	0.000
SF2	52	3.52	19	3.987	51	0.000
SF3	52	3.63	16	4.217	51	0.000
SF4	52	3.71	14	5.252	51	0.000
SF5	52	3.12	23	0.830	51	0.411*
SF6	52	3.94	5	6.807	51	0.000
SF7	52	3.90	7	6.824	51	0.000
SF8	52	3.58	18	4.093	51	0.000
SF9	52	3.29	22	2.174	51	0.034
SF10	52	3.69	15	4.989	51	0.000
SF11	52	3.92	6	7.032	51	0.000
SF12	52	3.94	1	6.945	51	0.000
SF13	52	3.58	17	3.946	51	0.000
SF14	52	3.77	11	5.890	51	0.000
SF15	52	3.73	13	5.019	51	0.000
SF16	52	3.77	10	5.646	51	0.000
SF17	52	3.94	2	7.091	51	0.000
SF18	52	3.75	12	5.173	51	0.000

续表6-8

过程因素	N	均值	排名	t	df	Sig.（2-tailed）
SF19	52	3.94	4	7.248	51	0.000
SF20	52	3.88	8	6.623	51	0.000
SF21	52	3.79	9	6.367	51	0.000
SF22	52	3.50	20	3.838	51	0.000
SF23	52	3.40	21	2.589	51	0.013

注：* 表示显著性水平大于0.05。

6.2.5.3 讨论

如前所述，识别出的22个CTSF分属四个因素组，即过程控制因素、产品因素、反馈因素和约束因素。通过计算特定因素组中各因素均值的平均值，可获得该因素组的平均值，从而得出该因素组的相对关键性。在本节中，数据分析结果显示，反馈因素组排名第一，平均值为3.87，其后依次为产品因素组（3.79）、过程控制因素组（3.63）和约束因素组（3.45）。考虑到约束因素的关键性相对较低（可能因为项目移交阶段与其之前各阶段相比，时间相对较短，因此受制于移交参与人和恶劣的外部条件的可能性也相对较小），本节余下部分仅详细讨论其余三个因素组及相关的CTSF。

（1）反馈因素。

根据专家的评估，反馈因素［包括SF19大修信息（3.94）、SF20性能信息（3.88）和SF21可移交性信息（3.79）］是影响项目移交阶段取得成功的最为关键的因素类型。这一结论与Chan和Chen[126]的研究结论相反，他们认为，反馈因素排在构成中国PPP项目开发或CBGPM整个过程的所有因素的最后。这一矛盾可能揭示出项目移交阶段管理中的一些独特特征或挑战，这些特征或挑战在处理项目生命周期其他阶段时并未遇到。在项目移交阶段之前的各阶段，例如项目识别和准备阶段，考虑到自身利益，多个利益相关方均积极主动地为实现项目顺利开发这一共同目标而采取行动。与之不同的是，项目移交阶段处于漫长的运营阶段的末期，而从运营阶段开始，项目实际上已完全由项目公司掌握，因此，政府对项目的实际情况知之甚少。在这种情况下，项目移交阶段生成的信息就成为政府再次了解待移交项目实际情况的最重要参考。然而，如前所述，根据TCE理论，有效评估反馈信息是否符合项目公司实际表现，对政府来说并非易事。具体而言，大修信息表明大修工作的执行情况，但是要客观评估大修信息仍然存在困难，因为中国目前仍然缺乏开展大修工作的技术标准。这一制度环境方面的不足在先前的CD项目案例研究中已得到充分证实。为评估性能信息，应制定合理的移交接收标准[128]，但这些标准目前尚未确立。

（2）产品因素。

产品因素组是第二关键的因素组。在总共 9 个因素中，有 5 个因素似乎更为关键，每个因素至少有两类利益相关者将其排在前五位。这 5 个因素是 SF12 已移交资产（3.94）、SF17 项目可接收标准（3.94）、SF11 已移交资产（3.92）、SF14 移交安排（3.77）和 SF16 项目接收人（3.77）。这一结果也与项目移交阶段之前的情况不同。根据 Chan 等[129]的说法，CBGPM 的产品因素［其论文中的产出因素（Output Factor）］主要是指项目运营成果，例如产品或服务、收入和环境影响。但是，本章的研究结论表明，项目移交阶段将重点转移到了一些仅在此阶段产生的新产品因素上。鉴于项目移交阶段的这些产品因素的新颖性，产业界和学术界都几乎没有处理这些因素的知识和经验，因此，在确保这些产品因素的质量方面遇到了很多困难，这也可从 CD 项目案例研究中看出。特别是专家认为已移交资产和移交接收标准是最为关键的产品因素，在所有 22 个因素中均值最高。已移交资产对于项目移交阶段取得成功至关重要，因为这些资产良好的状况是项目移交阶段之后继续提供产品或服务的基础，而移交接收标准也很重要，因为这些标准将决定是否可以移交资产。同样，可接收资产是经过彻底大修并经检验为可接收的资产，也被认为是至关重要的，因为可接收资产的质量实际上就是已移交资产的质量。移交安排和项目接收人的均值很接近，这意味着需要对整个项目移交阶段做出安排，并且需要提前确定项目接收人，CD 项目的案例研究也清楚地说明了这一点。

（3）过程控制因素。

过程控制因素在相对关键性方面排名第三，说明这一组的某些因素似乎并不像前两组的因素那样重要。但是，分析结果仍然显示出项目移交阶段的一些独特特征，这些特征与项目移交阶段之前的各阶段并不相同。SF1 合同制度、SF6 基础设施和 SF7 技术文件这三个因素得分较高，分别为 3.94、3.94 和 3.90。对比以往文献，无论处于项目生命周期的哪个阶段，这些因素都被视为重要因素。合同制度在 PPP 项目管理中发挥着毋庸置疑的重要作用，因为它通过合同条款整合了所有可能的重要方面，例如公共利益、商业利益和社区接纳，阐明了所有相关人员在项目生命周期中的期望。基础设施指的是项目的实物资产。作为投资的主要对象和生产基础，基础设施的重要性毋庸置疑。技术文件涉及 PPP 项目的数据资产，其重要性主要体现在有利于 PPP 项目生命周期绩效评估的参考价值上。对于项目移交阶段之前各阶段的过程控制因素来说，参与者（例如政府、投标人和社会资本）被认为是最为重要的界面因素，因为他们的各项能力对于克服长期合作中所有可能的障碍非常重要。相比之下，当 PPP 项目进入项目移交阶段时，参与者维持合作的能力得到了充分确认，通常不会再给项目移交阶段的管理带来问题。相反,在项目移交阶段,有限理性、机会主义、资产专用性和不确定性(TCE问题)所引发的问题成为主要问题。因此,专家对涉及项目公司、投资人、政府和移交委员会等参与者因素的关键性给出的评分相对较低。但是,需要强调的是,应谨慎接受这一结论,因为其前提条件是将所有参与者视为缔约方,他们在为最终用户提供产品或服务方面肩负各种合同责任。然而,除了作为缔约方,PPP项目中的政府也代表公众,并且对保护公共利益负有主要责任。特别是在项目移交阶段,政府应更加注重保护公共利益(例如公共资产),因为社会资本往往将此作为追求自身利益的最后机会。

6.3 建立移交风险管理体系(TRMS)

6.3.1 TRMS概述

RO2(建立TRMS)的提出是为了解决安全性问题。如前所述,PPP项目的资产专用性和项目公司的机会主义倾向使这个问题的产生成为可能。从风险管理的角度看,这个问题也可以看作项目资产的安全性因机会主义风险而降低。推而广之,考虑到PPP项目的漫长生命周期和变化的运作环境,可能存在除机会主义风险之外的其他风险,导致项目安全性降低,因此有必要对项目移交阶段中可能发生的所有风险进行系统调查。三个研究问题将得到回答,它们分别与风险因素识别(RQ5)、风险因素评价(RQ6)和风险管理体系建立(RQ7)相关。

用于解决研究问题的方法包括文献回顾、定性访谈、案例研究和问卷调研。由于目前还没有专门研究项目移交阶段风险的文献,对初始风险因素的识别将结合文献回顾和对PPP专家的定性访谈两种方式进行。通过前者,可以识别出PPP项目的一般风险因素,然后再根据项目移交阶段的特点对它们进行重新描述。通过后者,可验证从文献得到的初始移交风险因素并补充项目移交阶段中特有的新风险因素。所有确定的风险因素将通过问卷调研进行评估,所收集的数据将进行统计分析。此外,TRMS的开发基于GTPM所定义的过程角度。

6.3.2 编制移交风险清单

学术界很少关注PPP项目移交阶段。这种情况给识别项目移交阶段可能出现的风险造成了困难,因为尚没有文献定义过这类风险。为解决这一问题,本节将识别移交风险的过程分为两个步骤。

一是全面回顾相关文献，总结一般意义上的 PPP 风险，并根据项目移交阶段的性质进行调整，定义出移交风险。出于两个原因，这一步骤是必要且有效的。首先，研究人员这些年来不断证明中国学者识别出的 PPP 风险的有效性。其次，项目移交阶段是整个项目生命周期的一部分，因此，可以合理地推论出，对项目生命周期有影响的风险自然也可能影响项目移交阶段。

二是将调整后的风险清单交给 8 位专家进行确认和修改。鉴于项目移交阶段的独特性，初始风险清单中可能忽略了一些特殊风险，或者需要删除一些不适当的风险。拥有丰富经验和渊博知识的专家可帮助解决这两个可能出现的问题，使风险清单最大限度地变得准确和完整。

6.3.2.1 基于文献回顾识别的风险

最终从文献中共计识别出 14 种风险为潜在的移交风险。在交给专家进行进一步调整之前，对这些风险进行了重新定义，以符合项目移交阶段的性质。一些明显不合适的风险被排除在了这份清单之外。例如，建设阶段的风险被认为对于中国 PPP 项目至关重要，但它们不适用于项目移交阶段，因为已进入项目移交阶段的 PPP 项目的建设工作显然在很久以前就已结束。表 6-9 列出了所有 14 种风险并进行了详细说明。

表 6-9 基于文献回顾的潜在移交风险

序号	风险类别	风险描述
1	剩余价值风险	因社会资本过度使用资产、资产维护不善和设备缺乏翻修等不当行为造成项目资产剩余价值较低带来的风险。
2	合同风险	因不完全合同引发的风险，例如对移交安排中的移交责任、移交过程和移交风险等细节描述不适用。
3	政治风险	与政府缺乏对移交的了解、参与移交事务的人员变更或移交期间政府干预等有关的风险。
4	法律风险	与涉及移交的法律制度有关的风险，例如法律不成熟、缺乏相关法规或相关法规出现变更等。
5	不道德行为风险	政府或社会资本移交期间的不道德行为（如勒索或行贿等）带来的风险。
6	信息风险	因移交期间信息不对称以及缺乏信息共享机制等造成的风险。
7	机会主义风险	项目移交阶段与政府或社会资本机会主义行为有关的风险。

续表6-9

序号	风险类别	风险描述
8	信用风险	项目移交阶段因政府或社会资本未履行合同责任或缺乏履行合同责任的能力所引发的风险。
9	环境风险	移交造成环境破坏或环境问题对移交产生负面影响的风险。
10	金融风险	项目移交阶段因通货膨胀、汇率变化和利率变化造成的风险。
11	需求风险	项目移交阶段因宏观经济、人口或市场份额等外部变化导致产品或服务需求减少所带来的风险。
12	产品价格风险	项目移交阶段因产品价格波动引发的风险。
13	配套基础设施风险	项目移交阶段因配套基础设施失效造成的风险。
14	运营风险	移交过程中与项目顺利运营有关的风险,如极端天气、原水水质下降、设施故障等。

注:改编自 Chan 等,2015 年;Chen,2009 年;Cheung 和 Chan,2011 年;Ke 等,2010 年;Shrestha 等,2017 年;Xu 等,2011 年;Yuan 等,2015 年[130]。

6.3.2.2 基于专家观点识别的风险

上述 14 种风险对中国 PPP 项目移交阶段可能造成影响这一推断是合理的,因为关注中国 PPP 应用的众多研究人员通过大量研究都证实了这些风险的影响。然而,进一步检查风险清单的完整性和准确性也是必要的,因为项目移交阶段的特殊性可能造成一些风险遗漏或不准确,而之前的文献在讨论这些风险时并未考虑阶段的特殊性。为此,本节对 8 位专家进行了定性访谈,以进一步完善移交风险清单。下文对访谈结果进行了详细的讨论。

总体而言,8 位专家均确认,根据文献改编的所有 14 种风险,在项目移交阶段都可能出现,进而影响项目的顺利移交。因此,正如专家所建议的那样,在采取措施避免风险之前,有必要进一步开展调查,评估每种风险的显著性。除最初的 14 种风险,专家还提出了可能仅仅出现在项目移交阶段的另外 5 类风险(表 6-10)。这些风险包括继任运营商风险、员工风险、技术风险、大修风险和移交后运营风险。下文将对这些风险进行详细讨论。

表 6-10 基于专家观点识别的更多移交风险

序号	风险类别	专家受访者							
		1	2	3	4	5	6	7	8
1	继任运营商风险	×			×	×			×
2	员工风险		×	×	×			×	×
3	技术风险	×	×		×		×	×	×
4	大修风险		×		×	×	×	×	×
5	移交后运营风险	×			×	×			

(1) 继任运营商风险。

这类风险涉及指定项目移交后的继任运营商，例如继任运营商确定不及时、继任运营商不能胜任以及继任运营商挑选过程出现争议等。如在"6.2.3.2 A0 层"中所述，继任运营商是移交后运营项目的主体。在 GTPM 中，这一因素是项目移交阶段最后一步的产出，并进入项目移交后的新的生命周期。继任运营商在提供持续、高质量的公共产品或服务中肩负重要责任，这意味着继任运营商需要具备足够的技术和管理能力，否则无法保证稳定的产品供应。因此，应明智地、及时地确定 PPP 项目的继任运营商，但这对于一些政府来说似乎仍然具有挑战，特别是缺乏 PPP 管理所需的必要经验和专业知识的低级别地方政府。因此，对于相对欠发达地区的 PPP 项目来说，可能会出现继任运营商风险。

(2) 员工风险。

这类风险与项目员工，特别是一线员工的安排有关。可能的风险事件包括员工恐慌、罢工和员工福利受到影响。根据中国财政部的说法，如何安置员工是一个灵活问题，取决于具体的项目情况，需要三方（政府、社会资本和员工自身）达成共识[119]。应在项目移交阶段早期就对员工安置问题进行规划。尽管如此，由于三方之间的利益冲突，就员工安置达成共识可能需要时间，这就为出现谣言、员工反对和罢工等不利事件提供了机会。但是，如果匆忙就员工安置问题做出决定，那么草率做出的决定也可能会损害一些员工的利益，并因此出现员工反对事件。所以，无论哪种原因，员工安置造成的风险都可能发生，并对项目移交过程和项目运营产生不利影响。

(3) 技术风险。

这类风险与技术相关的数据或资料的移交有关，如作业指导书、专业知识和技术专利等。对于中国 PPP 项目的移交来说，这些技术相关事项非常重要，因为许多现有的 PPP 项目都是由拥有自主研发技术的国际公司建设和运营的（如 CD 项目）。利用社会资本的先进技术和技能是政府采用 PPP 模式的动机之一，这一论断对于大多数地方政府及其授权的市场主体来说也是成立的，因为其管理水务项目的经验和知识是相对缺乏的。换句话说，政府和社会资本之间的技术差距为双方的合作提供了机会。然而，在进入项目移交阶段时，这种技术差距也可能会成为一个问题，因为如果技术移交不彻底，项目就可能会遇到技术难题，影响项目后续的正常运营。

（4）大修风险。

社会资本在项目移交阶段的主要任务之一是在项目移交前彻底检修相关设施和设备。大修风险即与这项主要任务有关。在 GTPM 中，对资产进行大修是整个移交过程的第二个关键步骤。通常情况下，大多 PPP 项目的特许经营期持续数十年，其间整个项目资产实际处于社会资本控制之下。如前所述，由于存在绩效评估问题，政府很难了解项目资产的实际运营维护情况。因此，在接手之前，政府必须要求社会资本对这些项目资产进行彻底大修。尽管如此，关于如何有效进行大修的知识和经验仍然十分有限，这导致大修面临诸多潜在风险，例如大修争议、延迟和低效等。

（5）移交后运营风险。

这类风险与移交后项目的持续运营有关，例如资产性能低于预期、运营效率降低以及运营成本增加。从 PPP 项目生命周期的角度来看，移交后阶段可被视为项目移交阶段之后的一个新阶段。但在实践中，项目在移交日期之后仍然需要执行一些与移交有关的程序，以保证继任运营商顺利接手项目并稳定运营。换句话说，政府与社会资本之间的合作实际上在移交后延长了一段时间。这一时期通常至少包含特许经营协议中所谓的"缺陷责任期"。这一时期的问题在于，尽管合同条款对政府和社会资本各自的责任有所定义，但也不可能将移交后运营初期可能发生的所有情形包含在内。此外，"缺陷责任期"通常限制在 12 个月左右，但在移交后运营过程中风险的发生则没有这种时间限制。

6.3.3 识别关键移交风险类别（CTRC）

通过问卷调研，本节对从文献和专家观点识别的所有 19 个移交风险进行了两方面评估：风险发生的可能性和后果的严重性。然后用式（6-1）计算了这些风险的均值，并通过式（6-2）得到了每种风险的风险显著性。对所有风险显著性进行进一步分析，以识别 CTRC 并进行与 CTRC 相关的其他统计分析。数据分析结果详述如下。

$$MS = \frac{5n_5 + 4n_4 + 3n_3 + 2n_2 + 1n_1}{N} \qquad (6-1)$$

式中，MS 为项目的平均得分，n 为应答者评分，N 为参与评分人数。

$$\text{Risk Significance} = \sqrt{\text{Risk Probability} \times \text{Risks Everity}} \qquad (6-2)$$

PPP风险的显著性（Risk Significance）通常由风险发生的可能性（Risk Probability）和后果的严重性（Risk Severity）两个维度来衡量[131][132,133]。

6.3.3.1 数据分析结果概述

如表6-11所示，对于19个移交风险的显著性，所有应答者给出的均值范围为3.79至2.80。特别是R1至R4这四种风险的得分超过3.50，而R16至R19这四种风险的得分低于3.00。其余11个风险的均值介于3.00至3.37。将所有应答者排名前五位的风险与不同受访者组别排名前五位的风险（表6-11中灰色背景部分）进行比较可以发现，大多数应答者都认为前四种风险（大修风险、合同风险、移交后运营风险和剩余价值风险）似乎具有相对更高的显著性。但是，对于第五种风险（政治风险），不同类型的应答者表达了不同的意见。当分别进行观察时，可发现主要的四组应答者大致分为两类：学术机构和社会资本、政府和咨询机构。这一结果可能表明，中国的PPP学者和行业从业者比政府和咨询机构更加关注PPP项目的移交风险。在PPP领域，人们通常认为学术机构是中立的，具备相对更多的专业知识，因此其意见具有相对更高的可靠性[134]；社会资本是唯一完整经历了一个具体PPP项目漫长生命周期的利益相关者；而大多数政府和咨询机构在处理PPP事务方面仍处于起步阶段。学术机构和行业从业者对中国PPP项目的移交过程因素关键性和移交风险显著性整体给出了相对更高的评分，这就提醒了政府及其获取专业建议的主要来源——咨询机构，要提升他们对中国PPP项目移交阶段问题的认识和重视程度。

表6-11 移交风险显著性均值和排名

风险类别	全体专家			学术机构			政府			社会资本			咨询机构		
	N	均值	排名	N	均值	排名	N	均值	排名	N	均值	排名	N	均值	排名
R1: 大修风险	52	3.79	1	11	3.87	4	9	3.79	1	18	4.04	1	11	3.32	2
R2: 合同风险	52	3.64	2	11	3.96	3	9	3.41	2	18	3.81	3	11	3.27	3
R3: 移交后运营风险	52	3.62	3	11	4.01	2	9	3.25	5	18	3.84	2	11	3.23	4
R4: 剩余价值风险	52	3.60	4	11	4.03	1	9	3.36	3	18	3.65	8	11	3.33	1
R5: 政治风险	52	3.37	5	11	3.41	11	9	3.14	6	18	3.78	4	11	3.11	8
R6: 信息风险	52	3.36	6	11	3.58	8	9	2.94	13	18	3.65	7	11	3.18	5
R7: 继任运营商风险	52	3.32	7	11	3.70	5	9	2.74	18	18	3.69	6	11	2.93	12
R8: 机会主义风险	52	3.28	8	11	3.67	7	9	3.31	4	18	3.31	12	11	2.97	10
R9: 信用风险	52	3.27	9	11	3.58	9	9	3.01	11	18	3.37	11	11	3.18	6
R10: 法律风险	52	3.23	10	11	3.35	13	9	2.81	17	18	3.48	9	11	3.14	7
R11: 员工风险	52	3.17	11	11	3.36	12	9	2.58	19	18	3.76	5	11	2.72	19
R12: 环境风险	52	3.14	12	11	3.34	14	9	2.83	16	18	3.42	10	11	3.04	9
R13: 技术风险	52	3.12	13	11	3.69	6	9	2.91	14	18	3.19	13	11	2.73	18
R14: 运营风险	52	3.11	14	11	3.42	10	9	3.02	10	18	3.16	14	11	2.89	13
R15: 配套基础设施风险	52	3.00	15	11	3.12	16	9	3.03	9	18	3.11	15	11	2.81	15
R16: 不道德行为风险	52	2.98	16	11	3.09	17	9	3.09	7	18	3.03	18	11	2.96	11
R17: 金融风险	52	2.95	17	11	2.92	19	9	2.99	12	18	3.08	16	11	2.76	16
R18: 产品价格风险	52	2.93	18	11	3.14	15	9	2.84	15	18	3.06	17	11	2.83	14
R19: 需求风险	52	2.80	19	11	2.96	18	9	3.04	8	18	2.73	19	11	2.74	17

6.3.3.2 识别 CTRC 及讨论

与识别 CTSF 类似,本节进行了单样本 t 检验,以检查移交风险总体平均值在统计学意义上是否显著,设定的检验值为 3.00,P 值为 0.05,置信度为 95%,借此对 CTRC 进行识别。原假设 H0 是指"均值在统计学意义上不显著",而替代假设 H1 是指"均值在统计学意义上显著"。如 P 值小于 0.05,则应拒绝原假设。也就是说,如果 P 值小于 0.05,那么该风险具有不可忽视的显著性,会影响项目移交阶段的顺利进行,因此可被定义为 CTRC。表 6-12 概括了移交风险显著性测试结果。从测试结果可以看出,使用单样本 t 检验技术生成的 7 个风险的 P 值[表 6-12 中显示为 $Sig.$(2-tailed)]小于 0.05,而所有其他风险的显著性水平都大于 0.05。这一结果表明,从文献和专家观点识别出的 7 个移交风险类别在中国 PPP 项目移交阶段具有统计学意义,同时也意味着识别出了 7 个 CTRC。

表 6-12 移交风险显著性测试结果概要

移交风险	N	均值	排名	t	df	$Sig.$(2-tailed)
R1	52	3.79	1	6.218	51	0.000
R2	52	3.64	2	4.331	51	0.000
R3	52	3.62	3	4.150	51	0.000
R4	52	3.60	4	3.984	51	0.000
R5	52	3.37	5	2.355	51	0.022
R6	52	3.36	6	2.294	51	0.026
R7	52	3.32	7	2.341	51	0.023
R8	52	3.28	8	1.914	51	0.061*
R9	52	3.27	9	1.895	51	0.064*
R10	52	3.23	10	1.623	51	0.111*
R11	52	3.17	11	1.107	51	0.274*
R12	52	3.14	12	0.994	51	0.325*
R13	52	3.12	13	0.818	51	0.417*
R14	52	3.11	14	0.696	51	0.490*
R15	52	3.00	15	−0.009	51	0.993*
R16	52	2.98	16	−0.114	51	0.909*
R17	52	2.95	17	−0.349	51	0.729*

续表6—12

移交风险	N	均值	排名	t	df	Sig.（2-tailed）
R18	52	2.93	18	-0.434	51	0.666*
R19	52	2.80	19	-1.426	51	0.160*

注：*表示单样本 t 检验结果为不具有显著性。

19个初始移交风险类别中仅有7个被识别为 CTRC，这一结果似乎有些出人意料。然而，如前所述，与 PPP 项目生命周期的其他阶段相比，项目移交阶段具有不同的特性，因此可能面临特殊的风险，而测试结果也充分证明了这一点。在7个 CTRC 中，有3个风险是专家依据中国背景下项目移交阶段的特征新提出来的，这3个风险是大修风险、移交后运营风险和继任运营商风险。其余4个 CTRC，即合同风险、剩余价值风险、政治风险和信息风险，则来自文献的常规 PPP 项目风险类别。以往 PPP 研究人员经常强调的其余12个风险主要集中在项目生命周期的其他阶段，它们在项目移交阶段的显著性被认为相对较低。这一结果可能是由项目移交阶段的双重属性造成的。一方面，项目移交阶段包含与运营阶段相同的常规生产任务，可以按常规来管理相关的项目风险；另一方面，项目移交阶段还承载让项目顺利过渡的重要责任，由此可能产生一些独特风险。显然，项目移交阶段那些跟常规 PPP 风险相比更加独特的风险需要得到更多关注。因此，下文将主要讨论识别出的7个 CTRC。

（1）大修风险。

大修风险（R1），或者称为最终彻底大修风险，以均值3.79排名第一，表明 PPP 项目的大修对于项目移交阶段具有至关重要的意义，并且充满了挑战。例如，大修的第一步，即制订大修计划，就可能具有挑战性。严格来说，PPP 项目的大修工作通常需要项目公司定期开展，例如在整个运营期间每五年一次，但这会给社会资本带来高昂的成本。与常规大修相比，最后的大修任务自然更加繁重且成本更高，即使不是涉及全部资产，也涉及大部分的设备和设施类资产。这一情况会导致政府与社会资本之间发生诉求上的冲突。政府希望大修计划涵盖所有资产，以便在其接管之前改善项目状况，而社会资本则试图在制订计划时尽可能减少包含的项目资产，从而降低成本。因此，可预计的是，制订大修计划之前的时期将会是耗时且充满争议的讨价还价过程。CD 项目的案例分析充分证明了政府与社会资本之间在制订大修计划方面存在的争议，双方耗时将近一年才就大修计划达成一致意见。如果在无休止的谈判上花费太多时间，那么实际进行大修的时间可能相应减少，从而导致移交计划延迟和（或）无法保证大修工作真正落实。此外，信息不对称和缺乏伙伴关系等其他因素也可能会在大修期间带来更多风险。属于大修风险类别的风险因素有大修计划争议、缺乏大修技术标准、对大修范围不切实际的期望、大修工作执行不力。

(2) 合同风险。

合同风险 (R2) 排在第 2 位,均值为 3.64。这意味着,在中国,PPP 项目的合同目前未能为项目移交阶段的管理提供完善的指导。以往关于中国 PPP 项目风险的研究也经常识别出这类风险。根据这些研究结论,合同风险通常排在风险清单的中部位置,例如,合同风险在 Chan 和 Lam[130]总结的 37 个风险因素中排在第 8 位,在 Cheung 和 Chan[135]总结的 20 个风险因素中排在第 14 位。然而,Shrestha 和 Chan[136]认为,当在分析中国 PPP 项目移交阶段的风险时,合同风险成为最为重要的风险类别,但他们并未说明为何会出现这一有趣的变化。本节的研究结论证实了合同风险在项目移交阶段的重要性,而且更为重要的是,揭示了导致出现变化的一些原因。从本质上讲,合同风险源于适应性问题,这是由环境不确定性和有限理性共同引起的。如前所述,这种适应性问题在项目移交阶段可能更加严重,因为随着时间的推移,环境变化在此阶段最大限度地累积。一些专家受访者证实了这一推论,他们十分肯定地认为,不可能提前数十年制定出一份对项目移交阶段做出详细和恰当指导的特许经营协议。在某种程度上,对于项目移交阶段来说,合同风险似乎是不可避免的。因此,从业者应提前周密考虑如何减少这些风险。合同风险的潜在风险因素包括关于移交的合同条款设置不完善、移交责任分配不当、对项目移交阶段介绍不足。

(3) 移交后运营风险。

移交后运营风险 (R3) 的均值为 3.62,在移交风险清单中排在第 3 位,表明项目移交后的运营可能充满许多不确定性。专家访谈表明,移交后运营的第一个不确定因素可能是已移交资产的性能偏低。至于原因,专家认为是由项目移交过程本身的不确定性导致的。在他们看来,如果项目移交阶段本身具有不确定性且管理不善,自然无法保证移交后项目资产的性能。因此,如果发现资产性能低于标准,政府与社会资本之间则可能发生纠纷。移交后运营也可能受到其他不确定因素的影响,如运营效率低下、运营成本超支和维护成本高昂。与漫长的特许经营期的运营相比,移交后的运营时间相对较短,运营风险似乎更可能出现在前者。然而,考虑到项目移交后将由继任运营商负责项目运营,这个全新的管理体系自身需要磨合,也需要时间来熟悉项目,而且继任运营商和其他利益相关者也需要在此期间建立和维护新的关系,因此,这就增加了运营风险在过渡期间出现的可能性。移交后运营风险的可能风险因素包括已移交资产性能偏低、生产效率低下、运营成本超支、维护成本高昂。

(4) 剩余价值风险。

剩余价值风险 (R4) 排在第 4 位,均值为 3.60,意味着在项目公司运营数十年之后,待移交的项目资产的剩余价值可能会出现问题。这种风险可能发生在项目生命周期的任何阶段，并且已被先前许多 PPP 风险研究所识别。与合同风险类似，当项目处于项目生命周期的早期阶段时，剩余价值风险似乎相对缓和，但当接近项目移交阶段时，其显著性已经逐步累积到一个比较高的水平。Yuan 和 Chan[86]识别了涉及产品或服务绩效、设施功能以及财务和融资情况的一系列剩余价值风险因素，并声称这些风险因素在整个项目生命周期内的相互作用所形成的累积效应造成了剩余价值的流失。然而，在利用这些研究成果来管理中国水务 PPP 项目中的剩余价值风险之前，还应强调本章的一些专家受访者提到的一个基本问题：对于中国现有的大部分 PPP 项目而言，在特许经营期届满后，项目将免费归还政府。免费归还就意味着，从经济学角度来看，在经历移交时，待移交资产的账面价值等于零。这一事实带来的后果是，确定某个 PPP 项目的实际剩余价值只能依靠政府和社会资本之间的谈判。在此背景下，剩余价值风险管理的首要任务应是就剩余价值的定义和内容达成一致，以保证项目有足够的剩余价值维持后续运营。剩余价值风险的风险因素可包括缺乏对资产的必要维护、滥用设施、缺乏技术更新。

（5）政治风险。

这一类风险（R5）排在第 5 位，均值为 3.37，表明中国 PPP 项目的顺利移交可能会受到政府行为的影响。鉴于政府在 PPP 模式中的关键作用，过去许多针对不同管辖区各种行业的 PPP 研究都将政治风险视为主要的 PPP 风险类别之一。Shrestha 和 Chan[136]认为，政治风险的显著性在项目移交阶段排名第二，这个排名是政治风险在整个项目生命周期不同阶段中排名最高的。一般而言，主要政治风险包括法律变更、审批延迟、腐败、政府信誉和征用[137]。除这些常见风险因素，专家受访者还认为，政府在项目移交阶段不恰当地提取项目公司根据相关合同条款提交的维护保函，也是可能的风险因素。政治风险的可能风险因素包括政府对移交理解不足、延迟审批、移交的制度环境不成熟、政府干预和征用。

（6）信息风险。

信息风险（R6）被评为第六重要的风险类别，均值为 3.36，意味着政府和社会资本之间能否有效交换真实信息可能会对项目移交阶段产生较大影响。在 PPP 项目中，政府和社会资本分别担任委托人和代理人。在委托代理关系中，一个普遍的假设是，因信息不对称，委托人相对不了解代理人的行为。因此，在 PPP 背景下，政府了解的信息可能少于或质量低于社会资本掌握的信息，而社会资本可能利用其信息优势进行欺骗以追求利润。从 6.2 节也可以知道，信息因素对于项目移交阶段取得成功至关重要。因此，将信息风险确定为项目移交阶段的关键风险类别是合理的。Shrestha 和 Chan[136]也确认了信息风险在项目移交阶段的重要性，他们将信息风险排在项目移交阶段 17 个风险的第 5 位。总之，属于信息风险的可能风险因素包括沟通机制效率低下、信息不真实、政府处理信息的能力低下。

(7) 继任运营商风险。

继任运营商风险 (R7) 是最后一个 CTRC,均值为 3.32,表明挑选移交后项目的继任运营商对移交后项目的持续运营具有较大影响。利益相关者是对项目开发产生影响或受到项目开发影响的个人或组织。据此定义,PPP 项目的运营商或项目公司是重要的利益相关者。在项目移交阶段,项目公司将脱离项目利益相关者群体,并由继任运营商取代。从利益相关者管理的角度来看,这种变动可能存在风险,因为这意味着必须重建利益相关者之间最初的稳定互动关系,这可能是一个动态、耗时的过程。此外,本章的案例研究和专家访谈表明,选择合适的继任运营商可能充满了不确定性。CD 项目的继任运营商是 XR 集团,该集团在成都是一家具有影响力的、实力强劲的大型水务公司。然而,一些专家受访者对 CD 项目的可复制性表示怀疑,因为在许多其他相对较小的地方政府所在城市,可能找不到同样有实力的项目接收人来接手移交后的 PPP 项目。总而言之,继任运营商风险的具体风险因素可包括缺乏合格的候选运营商、委派继任运营商不及时、移交接收人能力缺乏、运营商挑选程序不合规。

6.3.3.3 利益相关者之间的比较分析

为分析不同利益相关者之间在评估 CTRC 显著性上是否存在统计学意义上的显著差异,本节进行了 Kruskal–Wallis 检验。当因变量是序数时,Kruskal–Wallis 检验是对三组或更多组别进行比较的合适方法。这种方法对每个组的得分进行排序,计算每个组的平均等级,然后确定在至少两个均值等级之间是否存在统计学上的显著差异。在本节中,原假设 H0 是指四组主要的应答者(学术机构、政府、社会资本和咨询机构)在评估 CTRC 方面不存在统计学上的显著差异。拒绝 H0 的标准设定为 0.05。

根据四组主要应答者 Kruskal–Wallis 检验结果,发现只有对继任运营商风险 (R7) 的评估具有统计学差异,P 值 (0.031) 小于 0.05。这一结果表明,对于 R1 至 R6,它们各自的显著性对于四个主要利益相关者没有统计学差异,而对于 R7,其显著性评估在不同利益者之间存在统计学差异。

为进一步弄清楚在评估 R7 上哪些利益相关者间存在差别,笔者进行了 Mann–Whitney U 检验。Mann–Whitney U 检验是流行的非参数检验之一,用于检验两个组别之间的差异。它对每组的评分进行排名,然后计算每组的平均排名,并比较两个平均得分之间的差异。这一方法可在序数因变量和小样本量的情况下适用。在本节中,原假设 H0 是两组受访者在评估继任运营商风险方面不存在统计学上的显著差异。拒绝 H0 的标准设定为 0.05。

Mann–Whitney U 检验结果得到不同利益相关者之间的六组对比,涉及学术机构与政府、学术机构与咨询机构、社会资本与政府以及社会资本与咨询机构的四个 P 值小于 0.05，表明应拒绝这四组对比的 H0。

关于继任运营商风险均值中统计学显著性差异的 Mann–Whitney U 检验结果将四组主要利益相关者分为两大组：一组包含学术机构（3.70）和社会资本（3.69），应答者整体评分较高；另一组包含政府（2.74）和咨询机构（2.93），应答者整体评分较低。换句话说，中国 PPP 学者和社会资本比 PPP 项目政府和咨询机构更加关注继任运营商风险。这一研究结论可为中国 PPP 项目提供重要参考。这主要表明，在 PPP 项目进入项目移交阶段时，政府和咨询机构应加强对继任运营商风险的关注。从 CD 项目的案例研究中可以看到对项目继任运营商关注不够造成的负面影响。此外，上述研究结论对于项目移交阶段特定风险类别范围之外也是有意义的。其意义在于提醒参与中国 PPP 市场的政府和咨询机构应共同努力，提高其在 PPP 领域的专业知识水平，进而加深对 PPP 项目开发过程的理解。之所以提出这一建议，是因为目前在中国 PPP 市场活跃的大多数政府和咨询机构实际上是在 2013 年中国的 PPP 项目爆发性增加之后加入的新参与者。相比之下，PPP 学者作为一个整体已经研究 PPP 领域近 30 年，并且拥有广泛的研究成果，也积累了大量经验和专业知识。因此，本节中确定的认知差异在一定程度上也可以反映出中国 PPP 市场的不同利益相关者在 PPP 项目的管理能力上也是不均衡的。

6.3.4 对移交风险管理的启示

上述分析表明，中国 PPP 项目移交阶段的安全性问题具有一些独特之处。主要的一点是项目资产在项目移交阶段可能会受到一些在其他阶段从未识别出的独特风险的威胁，例如大修风险、移交后运营风险和继任运营商风险。同时，合同风险、剩余价值风险、政治风险和信息风险等传统风险，也可能损害项目资产。本研究通过统计分析进一步发现政府和咨询机构对继任运营商风险关注不足。基于这些研究结论，加上通过定性专家访谈和之前的案例研究获得的信息，提出如下对中国 PPP 项目移交风险管理的启示。图 6-7 概述了各启示要点。

6 移交风险

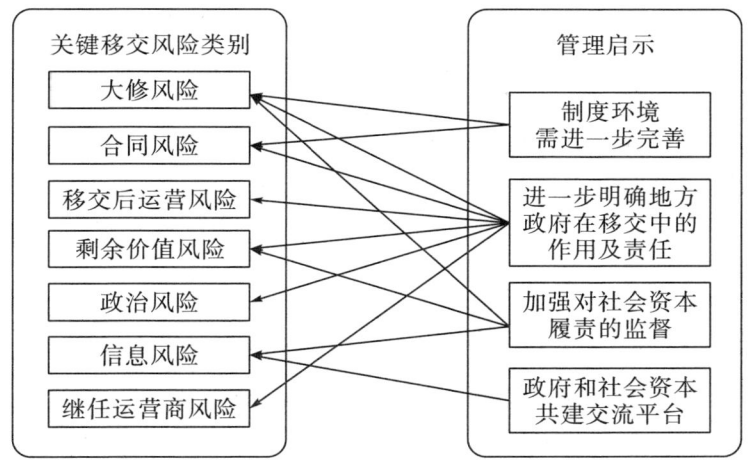

图 6-7 对 CTRC 管理的启示

需要进一步完善制度环境。制度环境包含多个要素，如合同规则、正式制度和非正式制度，这些要素与 PPP 项目的绩效密切相关[138]。如前所述，适应性问题主要涉及合同规则，这一问题很可能在项目移交阶段发生，导致发生风险的可能性很大，例如大修风险与合同风险。在这种情况下，制度环境可在保持项目移交顺利进行方面发挥关键作用。例如，如果出现要进行大修谈判的趋势，那么具备关于大修的正式和非正式制度（例如大修技术标准和议事规则）的更好的制度环境，至少可以促成有效和高效的谈判过程。

需要进一步厘清政府的角色和职责。在项目移交阶段，项目责任从项目公司转移到政府。因此，政府应在项目移交阶段发挥更加积极的作用，避免项目公司为节约成本而出现任何不当行为。事实上，可从风险管理的角度来定义政府的作用。政府应主要考虑：①对最后大修范围的合理预期（大修风险）；②与移交有关的可适用合同条款（合同风险）；③为移交后运营做好充分准备（移交后运营风险）；④评估剩余价值的明确标准（剩余价值风险）；⑤监管责任的界限（政治风险）；⑥恰当选择继任运营商（继任运营商风险）。

应强调和监督社会资本充分履行责任。根据 TCE 理论，评估社会资本的绩效很困难。但是，如果政府不清楚社会资本的职责，这一困难就会加剧。为避免出现这种情况，应强调和仔细地监督社会资本履行这些职责。从风险管理的角度来看，这些职责包括但不限于：①制订全面的大修计划（大修风险）；②进行定期资产维护以维持剩余价值（剩余价值风险）；③积极主动地报告项目运营的真实信息（信息风险）。

政府和社会资本都应共同努力建立一个交流平台。政府和社会资本之间进行定期和有效的沟通有助于了解彼此的要求，从而促进双方之间的信息交流。这样做可以减少项目移交阶段出现重大信息风险的可能性。为应对 PPP 项目移交阶段出现的问题，政府和社会资本之间正常的沟通平台是移交委员会会议，这在前文中已被确定为一个 CTSF。虽然存在沟通平台，但其确保有效沟通的能力仍然有限，这也可从 CD 项目案例研究中看出。考虑到移交委员会由政府和社会资本的成员组成，需要双方共同努力来完善这个沟通平台。

6.3.5 利用 TRMS 管理移交风险

结合 GTPM 和本章研究结论可以建立 TRMS。根据 PMI[139]，管理项目风险的过程可分为若干步骤，包括风险识别、风险分析（定性和定量）、风险应对和风险监控。管理移交风险总体上遵循这一典型的思路，但也包含了本章确定的一些独特性。TRMS 采用基于过程的理念，即整个风险管理过程与 GTPM 密切相关。由于篇幅有限，TRMS 主要侧重于与其他阶段 PPP 风险管理不同的特殊内容。一些现有的关于 PPP 风险管理的知识，例如每个风险管理步骤的详细输入、工具和技术以及输出，对于风险管理也很重要，但相关知识可较为容易地从 PMI[139] 和 EIB[120] 的十分普及的指南中获得。

具体而言，TRMS 强调了三个步骤，涉及识别、分析和规避风险，详细讨论如下。

第 1 步：识别风险。

移交风险管理过程首先要识别特定 PPP 项目的具体风险。考虑到项目移交阶段的时间相对较短，这一步骤应在项目移交阶段正式开始之前进行。鉴于项目移交阶段存在一些特殊的风险类别，这一步骤至关重要。此外，在移交风险管理实践中，不同 PPP 项目的状况不一定相同，因此，风险清单中的具体风险也会不同。多种原因可能造成风险清单的不同，比如项目规模、项目现状、合同要求或不同项目位置等。因此，作为信息不对称中较弱势一方的政府，应在项目运营阶段就通过各种合同管理策略提前了解这些方面的信息。通过这一步骤，可以建立水务 PPP 项目的实际移交风险登记簿，为后续风险管理步骤提供依据。

第 2 步：分析风险。

移交风险管理的下一步是分析前一步骤中识别的风险。根据本章研究结论，可了解某一 PPP 项目中识别的移交风险的显著性和具体风险因素。如果某些 PPP 项目存在尚未发现的独特性，可在必要时根据实际情况对风险显著性和因素进行重新评估。对于已确定的登记簿中的每个风险，接下来的关键任务是将每个风险与相关 GTPM 要素（各步骤和各关键移交成功因素）挂钩。这样，风险及其管理过程就与移交管理过程直接相关，从而可通过管理相关的移交成功因素来实现移交风险的管控。这种风险管理方式是可行的，因为理论上如果一个项目的所有成功因素都得到满足，则可保证项目取得成功[140]。

第 3 步：规避风险。

在确定与某一移交风险相关的 GTPM 要素后，应考虑如何规避风险。风险规避过程也依赖 GTPM 的支持。例如，如果某一成功因素（如 SF1）已被确定为某一风险（如 R1）的密切相关因素之一，那么下一个任务就是依据项目运营信息来判定 SF1 的状态。如果 SF1 的状态是让人满意的，那么决策者可继续以同样方式处理这一因素，并进而检查下一个成功因素；如果其状态不能让人满意，那么管理者就应召集利益相关者来改进策略。在执行各项管理策略之后，可再次检查 SF1 的状况，根据检查情况，管理者可决定随后将采取的行动。按照同样的流程，可分析和规避移交过程中的所有移交风险。

总之，通过 GTPM 提供的信息，可动态并及时地调整风险管理计划。与此同时，来自移交风险管理过程的信息，可反过来促进过程模型的更新。此外，上述分析主要表明如何防止一个 PPP 项目遭遇移交风险。对于已经发生某类风险的情况，还可以通过 TRMS 将发生的风险关联到相应的 GTPM 要素，从而为制定相应管理措施提供有用的指导，以降低后果的严重程度。

移交风险管理体系如图 6-8 所示。

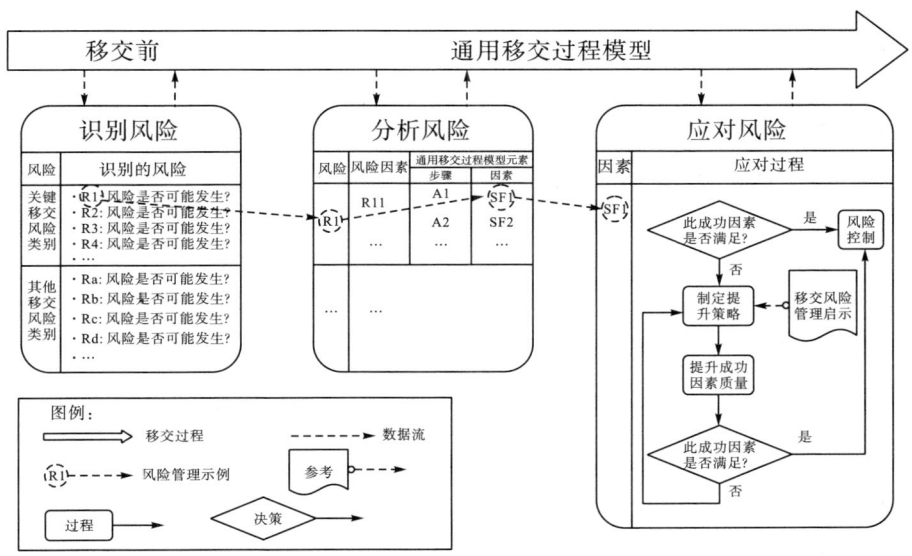

图 6-8　移交风险管理体系

本章详细报告了旨在应对移交过程中适应性问题的 GTPM 的建立过程（RO1）以及可能对 PPP 项目移交阶段产生不利影响的各类风险，以解决安全性问题（RO2）。针对 RO1，整个建模过程主要包括 3 个步骤，即设计 As-is 模型、识别现状的不足，以及设计 To-be 模型。通过使用 IDEF0 语言和进行广泛的文献回顾，建立了As-is模型来模拟中国移交管理制度的现状。如As-is模型所示，中国PPP项目管理机构提出了分解为4个步骤的移交过程，各个步骤由18个移交过程因素连接在一起，这18个移交过程因素又被分为4个因素组，即过程控制因素组、产品因素组、反馈因素组和约束因素组。然而，关于CD项目的案例研究清楚地揭示了当前条件下As-is模型存在的6个不足，即混乱的移交准备过程、争议不断的大修计划制订过程、项目接收人确定不及时、对人员安排重视不够、评估PPP项目生命周期绩效的不现实性以及移交过程因素质量偏低。根据对CD项目移交阶段的持续观察，提出了应对当前不足的措施，并通过IDEF0将其转化为To-be模型GTPM。与As-is模型不同，GTPM提出了升级后的移交过程，包括5个步骤和23个过程因素。通过问卷调研，中国水务PPP项目领域的专家进一步评估了这些步骤和因素。根据对调查数据的分析，确定23个因素中有22个因素对项目移交阶段取得成功具有统计学意义上的关键性，因此将其定义为CTSF。与项目移交阶段前通常强调属于过程控制因素组和产品因素组的因素不同，项目移交阶段因其独特性，特别关注反馈因素组，其后依次为产品因素组、过程控制因素组和约束因素组。由于识别出的项目移交阶段的独特性，这一结果还可帮助从业者在管理项目移交阶段时采取适当的策略。

  关于RO2，笔者发现直接研究项目移交阶段各类风险的文献较为匮乏，因此，识别移交风险类别遵循两个步骤。第一步是参考关于PPP风险的文献回顾，其中主要的移交风险类别是根据常规的PPP风险进行定义的。第二步是根据专家的观点对来自文献的初始移交风险类别清单进行补充。完整的移交风险清单包含19个风险类别，其中14个是根据文献改编的，5个是专家在考虑项目移交阶段性质后新建议的。这5个新的风险类别是继任运营商风险、员工风险、技术风险、大修风险和移交后运营风险。然后通过问卷调研方式评估了移交风险类别的显著性，以识别CTRC。在数据分析结果的基础上，7个风险类别被最终确定为CTRC，涉及大修风险、合同风险、移交后风险、剩余价值风险、政治风险、信息风险和继任运营商风险。与移交前的各阶段相比，可以看到项目移交阶段的关键风险类别相对较少，然而，7个CTRC中有3个独特的风险仅出现在项目移交阶段。另一项研究结论是，政府和咨询机构应努力加深对移交风险的了解，因为它们对继任运营商风险等特定风险类别重视还不够。为降低7个CTRC发生的可能性，在中国PPP项目背景下，提出了关于制度环境、政府角色、社会资本责任以及上述两个部门合作的管理启示。在上述研究结论的基础上，本章最后一节提出了将风险管理过程与GTPM联系起来的TRMS。

7 基于风险的 PPP 项目 Go/No-Go 决策

长达 20~30 年的项目合作期使得 PPP 项目的实施存在较多的不确定性，因而投资决策对企业的战略经营十分重要。如何准确考量项目潜在不确定因素的影响，在有限的时间内做出有质量的投资决策，以免投资失误造成不可逆转的损失，对社会资本投资人来说尤其重要。

结合上述背景环境，本章的目的是构建一种适用于社会资本的准入决策程序，旨在帮助社会资本投资人更好地进行投资决策。

7.1 研究内容

7.1.1 研究目的及问题

本研究的基本目的是构建一种适用于社会资本的准入决策程序，旨在帮助社会资本投资人更好地进行投资决策。本研究主要围绕三个问题展开：

（1）当前 PPP 项目投资决策是否存在问题？
1）识别中国 PPP 项目的特点及其投资决策特点。
2）探讨当前中国 PPP 项目投资决策存在哪些问题。
（2）PPP 项目投资决策的影响因素是什么？
1）从社会资本的角度识别中国 PPP 项目投资决策的影响因素。
2）确定影响中国 PPP 项目投资决策的关键因素。
（3）如何建立更有效的中国 PPP 项目投资决策模型？
1）有效的 PPP 项目投资决策为什么需要决策模型？
2）目前用于中国 PPP 项目投资决策的方法是什么？
3）更有效的中国 PPP 项目投资决策流程及方法是什么？
4）建立的投资决策模型适用性如何？

7.1.2 研究方法概述

7.1.2.1 文献回顾法

本研究首先基于与研究相关的各类文献资料与互联网资源等，对文献进行阅读分析，对当前国内外 PPP 项目、投资决策方法、投资决策影响因素等方面的相关研究进行分析总结，在此基础上提出本研究要解决的关键问题。其次，在分析项目决策中的影响因素、投资决策模型时，为了便于模型构建与问题描述，对相关领域的研究成果和结论进行综述和分析，进而提出本研究的相关研究假设或模型。

7.1.2.2 问卷调研法

通过设计结构化问卷，在具有 PPP 项目研究与实践经验的人士中大量发放问卷，了解：①PPP 项目投资决策的现状；②投资人对影响 PPP 项目投资决策的关键因素偏好。解决文献阅读中对某些问题研究不足、不切实际等问题。

7.1.2.3 模糊层次分析法

基于对不确定条件下的决策质量、多属性决策需求及实用性这三方面的需求，本研究选用模糊层次分析法确定决策评价指标体系的相对权重，邀请专家进行评价打分，建立不确定条件下以社会资本为决策主体的 PPP 项目投资决策模型，弥补了以往投资决策中对影响因素考虑的不足，实现了定性和定量的结合。

7.2 文献回顾

7.2.1 投资决策研究

7.2.1.1 概念

将货币转化为资本的过程称为投资过程。投资是实现主体价值最大化的主要手段和实施战略管理的重要内容。投资包括直接投资与间接投资两种形式。其中，直接投资是指投资者将生产要素直接投入社会再生产过程以获取期望收益的经济活动，间接投资是指金融投资[141]。污水处理 PPP 项目投资决策是直接投资决策。

决策一般是指公司或者政府为确定某一政策或做出某一选择而收集相关信息进行分析判断以达到预定目的的活动。

投资决策是指投资人在给定资本约束情况下对潜在的投资项目进行有效选择,以期实现自身的利益需求。就价值创造而言,投资决策是公司三大财务决策中最重要的决策[142]。

7.2.1.2 影响投资决策的因素

影响投资决策的因素多种多样。Gusfield(1981)认为,决策者相关因素(如年龄、知识水平、性格特点)、环境相关因素(如资源限制、时间限制、工作环境、法律政策)、决策程序相关因素、决策事件性质(如不确定程度、复杂程度)会对决策过程产生影响[143]。随后,Rowe(1987)提出了由外部环境、内部组织、任务要求及个人需求四类影响投资决策的因素组成的"四力模型"[144]。Rowe 提出的"四力模型"着重于分析影响决策的外部因素,而 Joseph 的研究则侧重于决策问题本身的特点及决策程序,后来研究者在二人的基础上对投资决策影响因素进行了大量的研究,充分地进行了扩充及细化[145]。例如卢长利(2003)认为企业投资决策最主要的目标是获得利润,因此在文献回顾的基础上提出影响投资决策的主要因素包括不确定因素、知识资本与智力、企业组织结构、企业资本结构以及企业家精神[146]。Sajid(2015)通过问卷调研对投资商业银行、保险公司、证券交易所的股票基金经理进行调查研究,发现启发式、金融工具的使用和企业层面的公司治理对投资决策具有积极而显著的影响,而风险规避对投资决策具有消极而显著的影响。此外,所有行为因素、企业层面的企业决策和投资决策之间都存在着积极而显著的关系[147]。

7.2.1.3 投资决策方法

投资决策随着社会及科学的发展发生了很大的变化:由主观到科学、由理性到有限理性、由单一准则到多目标准则、由确定到不确定、由层次分析法到模糊多属性群决策法。现阶段的决策科学理论与方法主要包括专家评价法、层次分析法、多目标决策法、群决策法、基于模糊理论的决策方法、基于灰色理论的决策方法等。

7.2.2 PPP 项目投资决策研究

7.2.2.1 PPP 项目投资决策影响因素

Lifson 和 Shaifer(1982)指出,认识到影响决策过程的因素的重要性将有助于定期审查和讨论重大决策[148]。King 和 Mercer（1985）进一步指出，合同对投资者的吸引力各不相同，这取决于规模、地点、以往经验和可用资源等因素，这些因素可能会被不同的投标方所衡量，因此，竞争对手对一份合同的吸引力的感知不尽相同[149]。Ahmad 和 Minkarah（1988）建议在制定可行的投标策略之前，对影响投标决策的潜在因素进行彻底的调查[150]。Couzens 等（1993）指出，做出投资决定需要一个全面深入的数据收集和探索若干内部和外部因素的过程。内部因素是与承包商的组织能力和资源有关的因素，而外部因素与市场和项目条件有关[151]。Chua（2000）根据过去的研究结果和 6 名实干家的意见提出了一份决定因素的清单，通过层次分析法研究了竞争、风险、公司在投标中的地位和工作需要四类因素对投资决策的影响[152]。Enshassi 等（2010）通过文献回顾探讨了建筑业投资决策的影响因素，确定了承包商的财务功能、客户的声誉和财务能力、项目价值、当地市场建筑原材料的可用性及建筑业的稳定性是影响投资者投标决策的关键因素[153]。王东波（2010）认为 PPP 项目投资活动是一个动态系统，社会资本在投资决策过程中面临诸多的不确定因素。根据其产生的来源和范围，不确定因素可以分为内生不确定因素和外生不确定因素。内生不确定因素来源于项目公司内部，包括利益外部性和中途毁约行为，外生不确定因素主要包括建设期长短、建设投资大小、收费价格、交通量、运营和维护成本、投资收益等[154]。Huanming Wang（2018）等认为，与发达国家相比，大多数发展中国家在过去几年未能吸引私人投资，故利用 2002—2015 年 138 个发展中国家 4560 个 PPP 项目，运用 Tobit 回归模型，研究治理环境与私人合作伙伴承担的风险对私人投资的相互作用效应。研究结果表明，公众参与程度、政治稳定程度、公共服务质量、监管能力、守法能力、腐败程度是影响私人投资者投资 PPP 项目的重要因素[155]。

继此之后，PPP 项目投资决策的影响因素基本围绕上述学者的研究成果进行延伸和补充。

7.2.2.2 PPP 项目投资决策方法

Baekgaard（2017）认为，前景理论关注的是在什么条件下人们更愿意做出风险或无风险的决策，从而有可能获得更好的经济结果，这是一种更正确的决策理论，可用来解释投资决策选择[156]。在项目管理和 PPP 领域，项目发起人或投资人在做出启动 PPP 项目计划的最终决定之前，会对收益和损失进行评估。只有当收益大于损失时，私人投资者才会投资这些项目[155]。Albalate 等（2013）指出，在水务行业，只有在成本回收更容易、商业风险相对较低的情况下，私营部门或外国投资者才会投资项目[157]。

大量关于投资策略的文献产生了许多投标模型。研究人员引入了基于概率论、专家评价法、层次分析法、模糊集理论、神经网络的投标决策支持系统。Fayek 等（1999）在对加拿大建筑工程承包商投标实践的调查中得出结论，投标决策在很大程度上仍然是主观的、基于经验判断的[158]。为了进一步缓解决策困境，Wanous 等（2000）引入了一个参数解，该参数解基于事先确定的因素，这些因素根据合同人认为的相对重要性进行识别和排序[159]。Wong 等（2000）将模糊控制作为多属性决策的一种新工具应用于工程评价与选择[160]。而 Chua 和 Li（2000）在前人研究成果的基础上，提出了一种基于层次分析法的投标决策辅助模型[152]。Han 等（2001）基于风险视角，考虑企业投标的多维目标，采用交叉影响分析方法（CIA），建立了 BOT 项目的整合决策模型[161]。Dikmen 等（2007）提出了一个基于案例的推理模型来估计风险、机会和竞争评级。这些评级通过使用考虑最坏情况、平均年龄和最佳情况下确定的边界价值构建的线性效用函数进一步转换为风险和利润加成值[162]。Egemen 和 Mohamed（2008）提出了一种实用的、基于知识的系统软件 SCBMD，该软件系统地处理不同的投标情况，并帮助承包商实现"战略上正确"的投标/不投标决策[163]。

7.2.3 文献述评

综合以上国内外相关的文献分析可知，国内外学者对中国 PPP 项目的研究主要集中于项目运营 PPP 模式的可行性论证、项目的成功及失败因素的评估、风险识别及分配、项目评价等方面，较少研究针对采用 PPP 模式的投资决策。

而当前针对我国 PPP 项目投资决策影响因素的研究尚显薄弱。当前主流研究主要集中于关键成功因素、风险因素，影响因素，分布阶段主要集中于建设运营阶段，针对投资阶段影响因素的分析较少。

此外，投资决策模型采用的评价指标及评价方法呈现多样性，然而许多模型选用的方法对数据的数量以及准确程度要求很高，且大多数投资决策模型仅考虑财务收益，未能全面考虑其他非现金流因素对项目的影响，需要根据我国 PPP 项目的特征构建适用的模型。投资主体如何识别 PPP 项目投资影响因素，并将多种影响因素纳入长期项目投资决策的研究框架中，将成为下一步的研究趋势。

7.3 投资决策相关理论

7.3.1 决策理论

现代决策理论主要包括以统计学、运筹学与系统分析学为基础的现代统计决策论。

现代决策理论的研究重点是决策者和决策机构的行为机制，发展出行为决策理论。其通过分析决策者所表现出来的现实决策行为并揭示其发生机制，提出改进群体或个人决策行为的方法。

与现代决策理论研究的重点不同的是，现代统计决策论主要基于不确定条件，考虑随机性及多目标的决策方法，依赖数据分析，以期实现最优解来提高决策效率，属于规范性决策学。

决策过程的一大特点即是决策者客观（客观存在的基础条件）与主观（决策者对客观条件的认知选择）相结合。徐玖平等指出，大部分的决策都具有多层次、多目标、模糊的特点，而现实中就需要投资人充分考虑这些决策特点、多种客观条件以及企业自身资源限制，在多个可能互相冲突的利益目标约束下，选择合适的决策方法与模型实现决策目标的最优解[164]。

7.3.2 投资决策框架

7.3.2.1 投资决策概述

投资决策是投资人根据客观现实情况，为实现预期的经济目的，针对自身企业资源选择或调整未来一定时期内有关经济活动的方向、内容及方式以期实现经济目的的过程。投资决策主要由五个要素组成：作为决策系统灵魂的决策主体、包括决策对象和决策环境的决策客体、作为优质决策前提和基础的决策信息、用以规范约束决策行为的决策准则以及决策目的所在的决策结果。

7.3.2.2 投资决策原则

投资决策具有不可逆性，过程复杂且充满挑战，要想做出正确的投资决策，既要采用科学合理的决策程序和方法，也要遵循投资决策原则。

(1) 可行性原则。

可行性原则是指投资决策的目标和方案具备实现的可能性，决策在现有的主客观条件下切实可行。只有当投资决策具备可行性的时候，该项投资才具有意义。为保证有效决策，决策者需要在投资决策前充分考虑各种影响因素，对投资项目进行深入的可行性研究。

(2) 系统原则。

系统原则是指为了避免投资决策的片面性，从系统角度出发，将污水处理PPP项目投资决策对象视为一个系统整体，充分考虑决策涉及的系统的所有相关因素，充分考虑内外部条件，在此基础上做出投资决策。

(3) 群体性原则。

污水处理PPP项目投资决策涉及范围广泛，具有高度的复杂性。单凭决策者个人的知识和能力很难做出有效决策。一个有效正确的决策要求决策者依据群体性原则，充分发挥民主性，积极调动各级决策者的主动性，集中群体的智慧和力量进行投资决策。

(4) 有限理性原则。

理性可分为完全理性、直觉理性、有限理性三类。西蒙认为不应把人看作理性最大化者，而应当视为满意者。决策者做出的投资决策也是在其智力、知识、环境等因素的综合作用下做出的有限理性的选择。

由于污水处理类PPP项目的复杂性，其投资决策活动具有以下特征：①社会效益目标难以量化；②无法掌握所需的全部信息情报；③不同决策者对决策目标的判断不尽相同；④实际决策活动存在多个目标，且众多目标难以合并，目标之间可能会存在矛盾冲突；⑤决策活动具有严格的时间限制。基于这些特征，投资者完全掌握所有关键决策信息，并完全理性地做出投资决策十分困难。决策者只能根据掌握的有限信息做出有限理性的投资决策。

(5) 满意原则。

完全理性的经济人不存在，而PPP项目投资决策过程中包含着许多投资者不能完全掌握的不确定决策信息，这使得无法得到最优解。故投资者只能在有限理性的情况下寻求满意解替代最优解。

7.3.2.3 投资决策过程

西蒙提出了一个包含三个阶段的决策流程模型，主要包括情报活动阶段、设计活动阶段、选择活动阶段，从而得出决策结果。岳超源（2003）提出投资决策一般包括四个步骤，即构造决策问题、确定各种决策可能的后果并设定各种后果发生的概率、确定决策人的偏好、评价和比较决策，并绘制了决策问题各求解步骤之间的关系，如图7-1所示[165]。

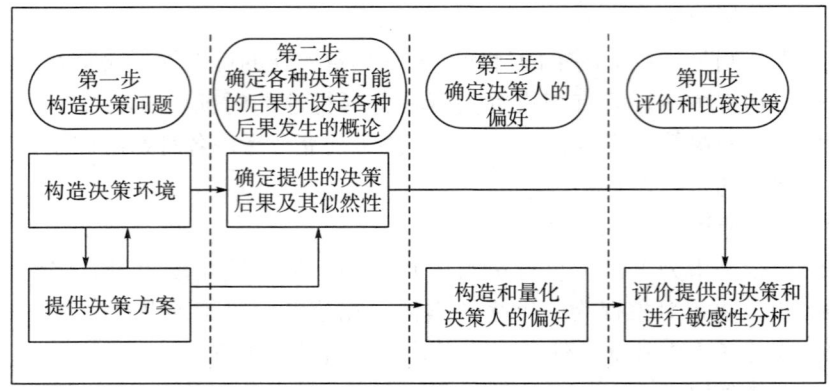

图 7-1　决策分析的基本步骤

7.4　PPP 项目投资决策现状分析

本研究采用问卷调研的方法对我国 PPP 项目的投资决策现状进行调研分析，分别研究了当前投资决策影响因素、投资决策行为等，为投资决策关键影响因素的识别及投资决策模型的建立奠定了基础。

7.4.1　调研问卷的设计与发放

本研究在充分考虑 PPP 项目特点及我国现实情况的基础上，设计了一份调研问卷，一共包括三个部分（问卷详见附录三）。

第一部分是调研参与者基本情况，主要包括调研参与者的单位性质、从事 PPP 项目相关工作或研究的时间、参与过的 PPP 项目数量、是否参与过 PPP 项目投资决策、参与的投资决策 PPP 项目个数、在 PPP 项目中承担的主要职能或研究方向。

第二部分是 PPP 项目投资决策现状评估，本部分的主要目的在于探究投资人对投资决策行为的态度以及投资决策方法的选择与使用现状。

第三部分是 PPP 项目投资决策影响因素调研。该部分列出了从文献回顾以及案例分析中识别出的影响因素，要求参与者根据合理客观标准判断各影响因素对投资 PPP 项目的影响程度，并使用 5 分制对影响因素进行打分。

本研究选择对 PPP 项目有深入研究或是有实践经验的专家作为调研对象。本次调研问卷主要通过线上和线下两个渠道发出，线下主要是通过"PPP 龙门阵"沙龙活动向参与的专家学者发放，线上主要是通过在线问卷向有 PPP 项目研究和实践经验的参与者发放。

总共发放问卷 155 份，共回收 135 份，有效问卷 107 份，回收率达 69.03%。通过对数据进行计算，回收问卷的 Cronbach's α 值为 0.914，具有良好的可信度；KMO 值为 0.805，大于 0.6，意味着数据具有效度。表 7-1 展示了问卷调研参与者的基本情况。

表 7-1 问卷调研参与者的基本情况

	类别	数量	比例
单位性质（个）	政府	13	12.15%
	社会资本	47	43.93%
	咨询机构	27	25.23%
	科研机构	20	18.69%
PPP 经验（年/个）	0~3 年	65	60.75%
	4~6 年	31	28.97%
	7~10 年	8	7.48%
	10 年以上	3	2.80%

问卷调研参与者在 PPP 项目中承担的主要职能或研究方向主要包括投融资、设计/建设、运营管理、咨询或顾问工作、监管及政策支持等。所有的问卷调研参与者都有 PPP 项目的实践或研究经历，而这些参与者在 PPP 项目中承担着不同的职能。此次问卷调研参与者在 PPP 项目中参与投融资工作的人数最多，有 51 人，占总人数的 47.66%。其次是咨询或顾问工作，有 27 人，占总人数的 25.23%。在 PPP 项目中承担投融资工作的参与者对投资决策有更直接和深入的认识，是 PPP 项目参与者中最了解投资决策工作的人群。承担咨询或顾问工作的人员通常需要从 PPP 项目整体进行全盘考虑，对 PPP 项目的生命周期流程也有更系统的认知。其他工作如设计/建设、运营管理、监管及政策支持都是 PPP 项目生命周期过程中不可或缺的一部分，承担这部分工作的专家能够从自身的工作出发，提供一些难以在投资决策初期发现的然而对后期实操过程存在一定影响的关键点。总体上看，本次问卷调研参与者基本涵盖了 PPP 项目生命周期中所有过程的重要角色，在一定程度上保证了本次调研结果的质量。

7.4.2 中国 PPP 项目投资决策现状分析

7.4.2.1 对投资决策的认识

在问卷的第二部分，主要评估了参与者对投资决策的认识。其主要包括以下几个维度：投资决策的重要程度、投资决策对公司业绩的影响程度、投资决策的困难程度、当前投资决策模型的完备程度以及规范模型的需要程度。由表 7-2 可知,调研参与者认为投资决策的重要程度得分是 4.51,投资决策对公司业绩的影响程度得分是 3.98,得分都很高,说明投资决策在 PPP 项目整个生命周期中十分重要。当前投资决策模型的完备程度得分仅有 3.42,说明在目前的 PPP 项目投资决策中,使用的投资决策模型还有待改进。而投资决策的困难程度得分是 3.98,规范模型的需要程度得分为 4.21,说明做出一个有质量的投资决策存在难度,需要规范的决策流程和模型协助决策。

表 7-2 投资决策认知

单项	极小值	极大值	均值	标准差
投资决策的重要程度	3	5	4.51	0.664
投资决策对公司业绩的影响程度	2	5	3.98	0.777
投资决策的困难程度	2	5	3.98	0.752
当前投资决策模型的完备程度	2	5	3.42	0.790
规范模型的需要程度	2	5	4.21	0.723

7.4.2.2 中国 PPP 项目的投资决策现状

当前我国 PPP 项目投资决策过程中,财务分析方法是使用最多的方法,使用人数达 89 人,占总人数的 83.18%。企业领导或专家拍板、自身经验或直觉方法紧随其后,使用人数分别达 51 人、45 人。但是在当前的投资决策过程中,决策分析方法(如决策树、影响图、多准则决策法等)使用人数较少,仅有 35 人,占总人数的 32.17%。从这部分的数据可以看出,当前人们在处理 PPP 项目投资决策问题时,更倾向于传统投资决策方法如财务分析等,而由于某些原因,对决策分析方法的使用频率较低。

表 7-3 展示了问卷调研参与者对各种决策理论/方法的了解程度。其中风险管理技术与投资组合理论的得分较高,分别为 3.77 与 3.61,这两种方法在当前 PPP 项目中使用较多,因此参与者对这两种方法的了解程度更高。而影响图、蒙特卡洛模拟、贝叶斯理论的得分均低于 3,决策树、效用理论、行为决策理论的得分虽然高于 3,但总体看来得分都偏低。这说明投资人对决策分析理论和方法的了解程度不高,在 PPP 项目实际投资决策操作过程中,这些决策分析理论与方法的使用频率也不高。

表 7-3 决策理论/方法了解程度

决策理论/方法	极小值	极大值	均值	标准差
风险管理技术	1	5	3.77	0.842
决策树	1	5	3.16	1.038

续表7-3

决策理论/方法	极小值	极大值	均值	标准差
影响图	1	5	2.57	1.198
多准则决策	1	5	3.25	1.142
蒙特卡洛模拟	1	5	2.33	1.280
效用理论	1	5	3.05	1.144
贝叶斯理论	1	5	2.30	1.261
投资组合理论	1	5	3.61	0.919
行为决策理论	1	5	3.01	1.051

7.4.2.3 阻碍更优投资决策的因素分析

在对当前参与者投资决策认知的分析中，得知我国PPP项目当前使用的投资决策模型的完备程度较低，还有待改进。问卷中提出了五个可能会阻碍投资者做出更优投资决策的因素，包括成本限制、时间限制、信息限制、缺少可接受的决策工具技术、缺少掌握决策相关工具技术的人才。表7-4列出了问卷调研参与者对这些因素的评价，这些因素的得分都是3.00以上，可以看出问卷调研参与者对这些阻碍更优投资决策的因素都比较认同。其中，得分最高的因素是信息限制，其次是时间限制，得分分别是3.96和3.69。这是因为在前期投资决策阶段，投资人获取的信息是有限的，且需要在招标公告公布之后的约定时间之内做出相应的投资决策及投资方案。此外，缺少可接受的决策工具技术、缺少掌握决策相关工具技术的人才两项因素的得分也不低于3.50分。而实际上并不缺乏决策工具技术，而是由于企业或投资人自身的原因导致对决策工具的不了解。

表7-4 阻碍更优投资决策的因素

阻碍更优投资决策的因素	极小值	极大值	均值	标准差
成本限制	1	5	3.38	1.073
时间限制	1	5	3.69	0.936
信息限制	2	5	3.96	0.776
缺少可接受的决策工具技术	1	5	3.61	0.969
缺少掌握决策相关工具技术的人才	1	5	3.50	1.239

7.4.3 中国PPP项目投资决策存在的问题

7.4.3.1 考虑因素范围狭窄，着眼于眼前利益

当前大部分社会资本在做PPP项目投资决策时，仅仅考虑投资年化利润率、

财务内部收益率、投资回收期等经济指标因素，而对实施项目可能带来的长远收益如公司声誉、合作伙伴关系搭建等关注度低甚至忽略，但这些隐性产出因素可能会给企业未来的发展积蓄巨大的能量。投资人在做出投资决策时，对隐性产出因素的忽略不是一个明智之举。

7.4.3.2 决策方法对数据要求较高，数据处理简单

当前大部分投资人对 PPP 项目做出投资决策前，习惯采用传统净现值法（NPV），直接对关键数据建立线性函数来获取所需信息，这需要投资人对项目未来实施过程中的成本、现金流、贴现率都做出具体准确的预估。而在实际情况中，这是很难实现的。

7.4.3.3 决策工具分析能力有限

当前投资人在处理 PPP 项目投资决策问题时，通常利用 Excel 对一系列财务指标进行预算。虽然使用起来比较简便，但是由于对数据的准确程度及充分程度要求较高，存在较大的局限性。此外，这种方法不能对一些无法准确量化的影响因素进行处理，不能解决 PPP 项目投资决策多目标性的问题，需进一步改善。

7.5 中国 PPP 项目投资决策影响因素

大多数有关投资的研究都依赖 Ahmad 和 Minkarah 在 1988 年的研究中探究的影响因素识别。考虑影响因素的投资决策将有助于确定特定项目的预期效益和适当的投资策略。本章拟结合 PPP 项目的特殊性以及我国经济社会的特点，通过相关文献回顾及问卷调研，编制影响 PPP 项目投资决策的影响因素清单，并对影响因素进行审视及排序，识别关键影响因素，为投资决策模型的建立奠定基础。

7.5.1 中国 PPP 项目投资决策影响因素识别

本节基于 8 篇高被引文献，通过文献回顾及问卷调研，结合污水处理 PPP 项目特征及我国的经济文化特点，从社会投资人视角，编制了中国 PPP 项目投资决策因素清单，见表 7-5。

7 基于风险的 PPP 项目 Go/No-Go 决策

表 7-5 中国 PPP 项目投资决策因素清单

决策因素	编号	二级决策因素	Bageis A S (2009)	Enshassi A (2010)	Ng S T (2012)	Jarkas A M (2013)	Liu T (2016)	Shokri-Ghasabch M (2016)	Shi S (2016)	Ameyaw E E (2017)
政府相关因素	G1	财政承受能力	√							√
	G2	政府机构能力	√	√	√	√	√		√	√
	G3	类似项目经验		√	√	√	√		√	√
	G4	对社会资本的选择标准		√	√					
	G5	信息公开		√			√			
	G6	政府公信力	√	√						√
	G7	政府要求达到的产出	√	√	√	√		√	√	
	G8	付款政策及付款及时性	√	√				√		
投资人相关因素	I1	投资人技术能力		√	√	√				√
	I2	类似项目经验	√		√		√		√	
	I3	伙伴实力	√	√				√	√	√
	I4	资源能力	√	√	√	√			√	
	I5	财务能力	√	√	√					√
	I6	管理能力	√	√	√					
	I7	与银行的关系	√							
	I8	与政府的关系及沟通水平	√	√		√		√		√
	I9	其他项目的可行性	√			√		√		
	I10	当前工作负荷	√	√	√		√			
	I11	项目对投资者的重要程度	√							

续表7-5

决策因素	编号	二级决策因素	文献来源							
			Bageis A S (2009)	Enshassi A (2010)	Ng S T (2012)	Jarkas A M (2013)	Liu T (2016)	Shokri-Ghasabeh M (2016)	Shi S (2016)	Ameyaw E E (2017)
项目相关因素	P1	项目类型	√			√		√	√	
	P2	项目规模	√		√	√			√	
	P3	项目合作期限	√	√		√		√		
	P4	项目区位	√	√		√				
	P5	项目技术壁垒		√						
	P6	项目复杂程度	√	√	√					
	P7	优惠政策		√			√			√
	P8	税收政策	√	√	√					
	P9	项目预期回报水平	√	√	√		√	√	√	√
	P10	固定资产种类	√	√	√	√				
	P11	项目预期风险	√	√		√			√	
	P12	项目融资可获得性		√			√	√		√
	P13	采购方式	√							
	P14	交易成本	√							
	P15	招标文件购买价格、招标公告时效性		√						
环境相关因素	E1	政治形势		√	√	√				√
	E2	经济形势		√	√	√				√
	E3	市场情况		√	√		√	√		
	E4	潜在竞争程度	√			√			√	√
	E5	相关法律框架完善程度	√		√		√		√	√
	E6	社会认可程度	√		√		√	√		√

接下来，对投资决策影响因素进行简单介绍。

7.5.1.1 政府相关因素

PPP项目的采购方式为政府采购，政府是项目的业主。因此，社会资本对PPP项目的投资决策受政府相关因素的影响很大。本研究中考虑的与政府相关的投资决策影响因素包括财政承受能力、政府机构能力、类似项目经验、对社会资本的选择标准、信息公开、政府公信力、政府要求达到的产出、付款政策及付款及时性等。

(1) 财政承受能力。

政府在PPP项目的实施过程中需要承担支出责任，主要包括股权投资、运营补贴、风险承担、配套投入等。财政承受能力是政府未来财政支付能力、项目生命周期内履约能力的体现。财政承受能力主要体现在政府是否拥有充足的能力保障社会资本投资回报的偿付。

(2) 政府机构能力。

在PPP项目的识别、准备、采购、执行和移交阶段，政府都会深度参与，不仅与社会资本合作实施项目，还承担着对市场进行监管、对项目产出进行绩效考核等职责。其能力指标主要包括履约能力、监管能力和项目执行管理能力等。例如政府决策效率低下或审批程序过于冗长，导致项目审批延误，从而造成项目施工延期或施工/运营成本增加，影响项目产出性能和交付时限。

(3) 类似项目经验。

如果政府曾经有类似项目的实施经验，对项目实施流程、风险规避等都具有实践经验，会大大增加项目成功的概率。

(4) 对社会资本的选择标准。

政府在选择社会资本实施PPP项目时，会设置一定的条件与标准，如投资人资质要求、业绩要求、财务要求、信誉要求等，并对投资人的融资能力、技术能力、方案等进行综合评定。若选择标准过高使投资人无法满足，投资人再进行无谓的投标活动是一种资源的浪费。

(5) 信息公开。

社会资本往往需要大量准确关键的信息，才能有效提高投资决策的质量，而当前PPP项目的信息公开普遍存在不及时、不充分的问题。信息公开能在一定程度上防范由信息不对称导致的腐败问题，促进PPP项目的有效实施。

(6) 政府公信力

政府公信力指政府部门的信用情况。PPP项目中政府在一定程度上占据着主导地位，既参与项目的实施，又对项目进行监管，因此政府的任何不按合同履约或任意增加条款对PPP项目进行干涉的失信行为都将给项目带来直接或间接的危害,因此在投资决策之前应当充分了解政府过往的履约情况。

(7) 政府要求达到的产出。

项目的产出要求是指项目资产在项目完成后应达到的经济、技术标准,以及公共产品或服务的交付范围、标准和绩效水平等[177]。财金〔2014〕113号文件约定PPP项目中有支付责任的政府部门应当依据项目合同约定,依据项目的产出要求的考核评价向社会资本支付运营补贴。

(8) 付款政策及付款及时性。

社会资本获得回报的来源主要包括使用者付费、政府付费和可行性缺口补助三种。政府可按照项目的可用性、使用量或绩效进行付款。政府付费和可行性缺口补助需要政府承担一定的付费责任,以财政补贴、股本收入、优惠贷款或其他形式给予经济补助。项目采用何种付费机制,以及如何定价,对项目后期收益将会产生巨大影响。此外,政府付款的及时性、是否拖欠款项等将影响投资人在PPP项目进行期间购买材料、支付工资和支付其他开支的安排,应当提前考虑。

7.5.1.2 投资人相关因素

投资人在对PPP项目做出投资决策的前期阶段,首先会对自身能力进行评估。PPP项目的长期性和高风险性对投资人的资源、资金等要素的可持续性有着较高的要求,因此,投资人需要合理预测在项目生命周期内自身能力是否满足项目的需求。本研究考虑的与投资人相关的投资决策影响因素包括投资人的技术能力、类似项目经验、伙伴实力、资源能力、财务能力、管理能力、与银行的关系、与政府的关系及沟通水平、其他项目的可行性、项目对投资者的重要程度等。

(1) 投资人的技术能力。

投资人的技术能力包括技术方案的编制能力、专业技术的符合程度、技术创新能力、投标标价能力等。若投资人自身所采用的技术不够成熟,难以满足预定的标准和要求,或是适用性差,可能会导致后期增加投资进行技术改造或是影响实施效率及产出成果,可能会对项目成本及利润造成一定的影响。

(2) 类似项目经验。

投资人的类似项目经验包括PPP模式经验、类似项目建设、运营经验、联合体合作经验等。如果投资人具有类似的项目经验,会更容易得到政府的信任,这将大大提升投资人中标的概率。此外,类似项目经验也使投资人熟悉工作流程,对项目实施过程中的风险有更好的应对措施,更能有效管理,节约成本。

(3) 伙伴实力。

当某些项目复杂程度较高,或者对投资人的资金水平或技术能力要求较高时,可以按照招标文件规定联合几家企业共同对该PPP项目进行投资。组成联合体进行投资时，可以集中伙伴企业的优势，填补自身的资源或技术缺口，还能在一定程度上分散风险。但是在项目实施过程中，伙伴企业的实力如技术能力、管理能力等也存在一定的风险，可能会对项目的顺利实施有一定的影响。因此应当充分评估伙伴企业的实力。

（4）资源能力。

资源能力是指投资人获取项目执行过程中所需要的人力、原料、设备、机械器具、能源等资源的能力，包括人力资源的充足性、主要的机械设备获得能力、主要的材料获得能力、核心技术与管理人员的充足性等。资源的短缺或是供应不及时都将给项目带来很大的损失。

（5）财务能力。

由于 PPP 项目投资额大多较大，在实施过程中会占用投资人较多资金，且回收期长，所以投资人自身的财务能力就显得尤其重要。财务能力主要指投资人自身可用资金的充足性、融资能力、财务管理及经营能力、遭遇风险时的保险能力。

（6）管理能力。

由于 PPP 项目规模庞大且复杂，投资人需要具备相当的管理能力对企业自身以及 PPP 项目进行高效的管理，包括建设目标、项目运维、与利益相关方进行沟通协调等，以保质保量地实现项目目标，尽量降低风险损失。

（7）与银行的关系。

投资人与银行的关系越好，能够顺利获得融资的概率就越大，在一定程度上能够缓解 PPP 项目实施过程中的资金问题。

（8）与政府的关系及沟通水平。

投资人与政府的关系越密切，沟通程度越高，越能够促进双方的相互了解。一方面能够提高成功获取项目的概率，另一方面能够获取更多与项目相关的信息，有利于更好地做出投资决策。

（9）其他项目的可行性。

当存在多个具有可行性的项目时，会鼓励投资人选择最匹配他们的组织策略和未来愿景的项目进行投资，并为他们提供一个更高效利用资源的机会，这可能会进一步帮助提高投资人针对具体项目的专业知识水平及实力。

（10）当前工作负荷。

投资人的资源是有限的，因此在对新项目做出投资决策前，应当充分考虑现有项目的情况，尽量避免资源使用或其他方面的冲突发生。

（11）项目对投资人的重要程度。

投资人对投资项目除了有利润回报的需求，往往还会关注实施该项目给公司带来的其他好处，例如公司声誉的提升、关键人员与工作队伍的可持续发展、与公共部门的关系搭建、开发新市场等。对工作的需要常常迫使投资人投资项目，而在正常情况下他们甚至不会考虑这些项目，这种情况在经济困难时期或投标不成功的较长时期内变得明显，因为它成为组织生存的问题。对于社会资本而言，新市场的开拓也是一个潜在的激励。例如承办北京奥运会的国家体育场工程项目赢得了全世界的关注，为其各参与单位带来巨大的广告效益。此外，广西 B 电厂项目为其投资人法国电力集团开拓了中国市场，该企业之后在亚太地区参与了大量的项目。

7.5.1.3 项目相关因素

PPP 项目十分复杂，投资决策前应当审慎考虑关键的项目特征。本研究主要考虑与项目特征相关的 15 项投资决策影响因素。

（1）项目类型。

项目可分为新建项目和存量项目。需要经过完整的立项、设计、建造等环节建设的项目称为新建项目。存量项目指过去存在的已经完成立项、设计、建造环节的，尚未结束运营的项目。不同类型的项目有不同的运作方式，其资产所有权、经营权、融资功能、对投资人的专业能力要求各不相同。

（2）项目规模。

项目规模指项目投资的数额大小。由于 PPP 模式的交易成本较高，PPP 项目需要有足够大的规模来降低交易成本占投资（包括运营维护成本）的比重。一般来说，规模越大的投资越有利于整合资产和管理，降低单个项目的交易成本，实现规模效益，越适合采用 PPP 模式，这样对社会资本也有更大的吸引力。但项目规模对于投资人也可能存在负面效应。因为规模越大的项目可能越复杂，需要占用投资人更多的资源，使得投资人错失其他复杂程度相对较低、占用资源相对较少、能够成功中标且可能会获得更高利润率的项目。

（3）项目合作期限。

PPP 项目合作期包括建设期与运营期，财政部规定 PPP 项目的合作期限原则上不得低于 10 年。由于 PPP 项目的投资较大，项目合作期限的长短对其运营水平有直接的影响。不合理的合作期限设定可能会使投资人无法获得预期的回报，进而导致项目失败。

（4）项目区位。

项目区位指项目所在地的位置及周围的环境情况。投资人在做投资决策时应慎重考虑项目所处区位对项目后期实施的要求及产生的深远影响。

（5）项目技术壁垒。

项目技术壁垒主要指污水处理项目涉及的相关技术法规、技术标准及合格评定程序，会对项目实施成本有一定的影响。

(6) 项目复杂程度。

项目复杂程度包括经济复杂程度及技术复杂程度。PPP 项目一般投资规模相对较大,对于此类项目要求投资人具备雄厚的财务实力。面对项目实施过程中的资金需求,也需要有更多的融资渠道来保证项目的资金需求。复杂程度越高,越需要专业的管理人员、技术人员及专业设备。在项目实施过程中会存在更大的风险,可能需要投资人付出更多的精力与成本。

(7) 优惠政策。

通过实施该 PPP 项目,政府是否有相关政策规定在土地、水、电、气等方面为社会资本提供优惠。

(8) 税收政策。

政府在权力范围内往往会对 PPP 项目的投资人提供一定的税收减免优惠。目前 PPP 项目能够享受的税收优惠政策主要以企业所得税和增值税税收优惠政策为主。

(9) 项目预期回报水平。

项目预期回报水平反映项目公司各年的营业收入,应满足项目公司的投资成本及必要的合理回报要求,即根据已知的项目信息,合理测算项目内部收益率、净现值、投资回收期、年华利润率、偿债备付率是否满足企业的投资要求,据此来确定项目是否具有财务可行性、盈利性和偿债能力。如当前我国 PPP 项目的合理投资回报率在 5%~8%,投资人可参照当前一般情况对项目的预期回报进行合理测算。

(10) 固定资产种类。

主要考虑项目合同预期有几类资产组合,这也直接关系到项目资产的复杂性,即不同类别资产或具有独特性资产组合的项目要复杂于只有单个类别资产的项目。一般来说,主要固定资产种类越多,项目资产越复杂,管理要求越高,利润潜力越大。

(11) 项目预期风险。

项目预期风险是指采用 PPP 模式实施项目过程中可能存在的风险事件。一般来说,PPP 项目风险包括金融、设计、建设、运营、法律和政策、政治、税务、自然环境和移交等方面的风险。针对特殊领域的 PPP 项目,考虑其特殊的项目性质(设备复杂、技术难度较大等),在投资决策过程中,应当尤其考虑其运营维护成本等风险。

社会资本在做出投资决策之前,应当对项目实施过程中可能出现的风险事件、风险事件的发生概率、风险事件是否合理分配进行预判,并评估风险后果是否在自身承受能力范围之内。

(12) 项目融资可获得性。

项目融资可获得性主要指项目的市场融资能力，包括是否有政策支持、是否有融资渠道、项目本身的融资能力及融资成本。多数 PPP 项目中，项目公司需要在协议规定的时间内进行融资。项目未来的现金流量及其投资收益、投资人的能力及信用是金融机构贷款的考量依据。受到金融市场情况的影响，融资成本存在不确定性。融资成本越小，投资人获得利益越大。

(13) 采购方式。

政府为高效实施 PPP 项目，实现物有所值，会根据相关法律法规要求择优采购。采购方式包括公开招标、邀请招标、单一来源采购、竞争性谈判和竞争性磋商。不同的采购方式使投资人面临的竞争程度、准备时间、准备工作量、准备成本不尽相同。投资人可能出于自身工作负荷及其他原因对采购方式进行考虑。

(14) 交易成本。

交易成本指投资人在做出投资决策前获取信息或是制作投标文件等准备工作的显性和隐性成本。

(15) 招标文件购买价格、招标公告时效性。

招标文件价格是否合理，以及招标公告公示后留给投资人准备投标文件的时长，都会在一定程度上影响投资人的投资决策。

7.5.1.4 环境相关因素

本研究考虑的与环境相关的决策影响因素包括政治形势、经济形势、市场情况、潜在竞争程度、相关法律框架完善程度、社会认可程度。

(1) 政治形势。

政治形势主要包括政治不稳定、政治决策失误、政治腐败、行政干预、国有化或资产征收等。目前国内政局稳定，对政治形势方面的考虑主要聚焦于政策不确定性以及政府失信行为。政策不确定性主要表现为政策法规的变化或政府行政干预等行为导致社会资本在 PPP 项目中处于不利地位。以水务行业为例，在PPP 项目投资决策过程中，社会资本应当尤其关注政府对环保政策的监管重视程度，该程度会直接或间接影响项目的产出标准和运维成本。

(2) 经济形势。

经济形势指汇率变动、金融市场低效率、通货膨胀、利率波动、经济环境动荡等。

(3) 市场情况。

市场情况包括市场竞争情况与市场需求情况等。市场竞争情况是指当前市场上存在的或是潜在的其他类似项目，导致对该项目形成实质的商业竞争。市场需求情况是指由宏观经济、社会环境、人口变化、法律法规调整等非市场竞争因素导致的市场需求变化。

(4) 潜在竞争程度。

潜在竞争程度指市场上对项目有投资兴趣的潜在竞争对手的数量、竞争对手的实力以及他们与业主的关系。竞争者越多，或者竞争者实力越强，投资人获取项目的概率就越低。

(5) 相关法律框架完善程度。

PPP 模式需在一系列法规文件和约束型合约下运行，而我国 PPP 相关的法律法规仍处于不断完善的过程中。在项目实施过程中，颁布、修订或者重新解释法律法规或相关政策，可能会导致项目的产出标准、市场需求、产品定价、成本费用等因素发生变化，对项目产生积极或消极的影响。

(6) 社会认可程度。

不同类型的 PPP 项目在建设过程中对周边环境产生的影响并不一样，给周边住户带来的负面效应需要进行特异性衡量，所以投资决策前需要考虑项目所在区域周边居民对项目的认可程度。

7.5.2　中国 PPP 项目投资决策关键影响因素确定

7.5.2.1　调研问卷数据分析思路

在调研问卷的"中国 PPP 项目投资决策影响因素评估"部分（详见附录三）列举出了通过文献回顾识别出的 40 个影响因素。调研问卷参与人根据合理客观的标准以及自身经验判断各影响因素对 PPP 项目投资决策的影响程度。采用里克特 5 级量表对影响程度进行打分，5 分制的含义：1 分代表很低，2 分代表低，3 分代表一般，4 分代表高，5 分代表很高。本节的主要目标是确定 PPP 项目投资决策各影响因素的重要性，并对其进行排序，识别出关键影响因素。

7.5.2.2　不同类别专家一致性检验

Spearman 等级相关系数（r_s）可以用于评估不同类别参与者对所探讨因素的相对重要性排序的一致性程度。本研究将使用 Spearman 等级相关系数来评估政府、社会资本、咨询机构、高校或其他科研机构对影响因素评级的一致性程度。$-1 \leqslant r_s \leqslant 1$，其中 +1 表示完全相关或一致，而 -1 表示完全负相关或不一致。越接近单位值越相关，越接近 0 表示相关性越小或没有相关性。

本研究使用 SPSS 进一步量化各类别问卷调研参与者对影响因素相对重要性程度评级的等级相关系数，量化结果见表 7-6。表中所计算得出的 Spearman 等级相关系数显示出各类别问卷调研参与者对影响因素相对重要性的评级高度一致,进一步显示调研结果的有效性、可靠性和一致性。

表 7-6 各类别问卷调研参与者 Spearman 等级相关系数

问卷调研参与者类别	r_s	显著性(双侧)P
政府与社会资本	0.846**	0.000
政府与咨询机构	0.856**	0.000
政府与科研机构	0.818**	0.000
社会资本与咨询机构	0.867**	0.000
社会资本与科研机构	0.743**	0.000
咨询机构与科研机构	0.799**	0.000

注:** 表示在 0.01 水平(双侧)上显著相关。

7.5.2.3 投资决策关键影响因素分析

(1) 确定相对重要性指标。

本研究将采用相对重要指数(Relative Importance Index,RII)对采集的数据进行分析,从而进一步确定 PPP 项目投资决策的关键影响因素。根据 Fugarand Agyakwah-Baah(2010)采用的 RII,其计算公式如下[178]:

$$\text{RII}(\%) = \frac{\sum P_i U_i}{N(n)} \times 100\% \quad (7-1)$$

式中,P_i 指参与者对各因素影响程度的评价分数,1 分表示很低,2 分表示低,3 分表示一般,4 分表示高,5 分表示很高;U_i 指对影响因素给予相同评价分数的参与者人数;N 指样本数量;n 指因素评价最高分数。

RII 的取值范围从 0(不含)到 100%,用来确定每个影响因素的影响程度排序。这使得交叉比较每个类别的参与者所感知到的相对重要性成为可能。RII 值越高,该因素对 PPP 项目投资决策的影响程度越高。

(2) 投资决策影响因素排序。

对 PPP 项目投资决策影响因素的影响程度评价已经通过问卷调研获得,在此基础上计算了各因素、各类别的相对重要性指数并进行了排序(表 7-7)。

表 7-7 PPP 项目投资决策影响因素重要性排序

因素	编号	极小值	极大值	均值	标准差	RII	排序
项目预期回报水平	P7	3.0	5.0	4.514	0.6640	96.6	1
项目对投资者的重要程度	I11	2.0	5.0	4.290	0.6869	91.8	2

续表7-7

因素	编号	极小值	极大值	均值	标准差	RII	排序
财政承受能力	G1	2.0	5.0	4.243	0.7248	90.8	3
项目预期风险	P9	2.0	5.0	4.140	0.7944	88.6	4
项目融资可获得性	P10	2.0	5.0	4.112	0.7048	88.0	5
市场情况	E3	2.0	5.0	4.112	0.6634	88.0	6
财务能力	I5	2.0	5.0	4.075	0.8870	87.2	7
技术能力	I1	2.0	5.0	4.028	0.7198	86.2	8
政治形势	E1	2.0	5.0	4.000	0.7268	85.6	9
项目区位	P4	2.0	5.0	3.963	0.8118	84.8	10
社会认可程度	E6	2.0	5.0	3.953	0.7817	84.6	11
政府公信力	G6	1.0	5.0	3.944	0.9197	84.4	12
对社会资本的选择标准	G4	1.0	5.0	3.935	0.8386	84.2	13
付款政策及付款及时性	G8	2.0	5.0	3.897	0.8348	83.4	14
项目规模	P2	1.0	5.0	3.822	0.8447	81.8	15
管理能力	I6	2.0	5.0	3.729	0.8419	79.8	16
资源能力	I4	2.0	5.0	3.673	0.9191	78.6	17
项目合作期限	P3	1.0	5.0	3.654	0.9427	78.2	18
政府要求达到的产出	G7	1.0	5.0	3.645	0.9737	78.0	19
经济形势	E2	2.0	5.0	3.636	0.7573	77.8	20
投资人类似项目经验	I2	1.0	5.0	3.579	0.8246	76.6	21
项目类型	P1	1.0	5.0	3.579	1.0004	76.6	22
伙伴实力	I3	1.0	5.0	3.551	0.8927	76.0	23
与银行的关系	I7	2.0	5.0	3.514	0.7814	75.2	24
相关法律框架完善程度	E5	1.0	5.0	3.486	0.8169	74.6	25
项目技术壁垒	P5	1.0	5.0	3.393	0.9190	72.6	26

续表7-7

因素	编号	极小值	极大值	均值	标准差	RII	排序
项目复杂程度	P6	2.0	5.0	3.355	0.8496	71.8	27
当前工作负荷	I10	1.0	5.0	3.346	0.9723	71.6	28
税收政策	P15	2.0	5.0	3.299	0.7166	70.6	29
潜在竞争程度	E4	1.0	5.0	3.280	0.8665	70.2	30
政府机构能力	G2	1.0	5.0	3.243	0.9600	69.4	31
政府类似项目经验	G3	1.0	5.0	3.234	0.9171	69.2	32
其他项目可行性	I9	1.0	5.0	3.215	0.9420	68.8	33
交易成本	P12	1.0	5.0	3.140	0.9561	67.2	34
信息公开	G5	1.0	5.0	3.047	0.8942	65.2	35
项目固定资产种类	P8	1.0	5.0	3.028	1.0592	64.8	36
与政府的关系及沟通水平	I8	1.0	5.0	2.963	0.9509	63.4	37
采购方式	P11	1.0	5.0	2.776	1.0755	59.4	38
优惠政策	P14	1.0	4.0	2.720	0.8218	58.2	39
招标文件购买价格、招标公告时效性	P13	1.0	5.0	2.262	1.2464	48.4	40

从表7-7可以看出，相对重要程度得分在80分以上且排序前十五的影响因素包括项目预期回报水平、项目对投资者的重要程度、财政承受能力、项目预期风险、项目融资可获得性、市场情况、财务能力、技术能力、政治形势、项目区位、社会认可程度、政府公信力、对社会资本的选择标准、付款政策及付款及时性、项目规模。其中，有四个因素属于政府相关因素，五个因素属于项目相关因素，三个因素属于投资人相关因素，三个因素属于环境相关因素。

（3）调研结果分析与以往文献比较。

与表7-7引用的高被引文献中识别出的投资决策关键因素对比来看，本研究得出的调研结果与其既有相似点，又存在一些差异。

与前述引用文献对比来看，本调研得出的结果中，项目预期回报水平、项目对投资者的重要程度、财政承受能力、市场情况、财务能力、政府公信力、付款政策及付款及时性、项目规模均为影响投资决策的关键因素。说明投资人在做出投资决策时，十分关注项目特点尤其是项目回报，采购人的付款能力也是投资人投资项目的重要考量。此外，由于PPP项目比一般工程项目投资更大、承担更复杂的风险、与政治环境关系更密切，故而项目融资可获得性、项目预期风险、政治形势的重要性程度排名较靠前。由于部分PPP项目的专业技术性较高，且运行过程中可能会产生负面效应，对周边环境有一定的影响，所以技术能力、社会认可程度也成为影响投资人投资决策的关键因素。

在前述引用文献中，潜在竞争程度、采购方式是影响投资决策的关键因素。然而根据本调研结果，这两个因素对PPP项目投资决策的影响相对较小，这也是由PPP模式的特点决定的，政府采购的方式对投资人影响较小，与一般工程项目相比潜在的投资人也相对较少，竞争程度影响较小。

7.6 中国PPP项目投资决策模型构建

7.6.1 投资决策模型的重要性

7.6.1.1 决策形式主义的影响

信息处理理论指出，当人们在做出判断或决策时，通常具有以下特点：

（1）人类的注意力、记忆力和计算能力三者的运算是同时进行且很容易混淆的，以至于让人在判断或是决策时失去思路。

（2）由于相对较弱的短期记忆能力，当我们试图去获取周围存在的所有信息或者是从长期记忆中回忆起相关信息时，会存在一个瓶颈，使得我们想要获取或者掌握全部信息的目的难以实现。

（3）人的长期记忆就像一个图书馆，具有难以获取以及获取速度慢的特点，虽然可以存储大量的信息，但是如果没有正确的索引或线索的话，在茫茫记忆之海中找到我们所需要的信息是十分困难甚至是不可能的。

（4）对人来说，同时记住几件事是相当困难的，再加上人的心智能力有限，在问题解决方面表现为有限理性的行动者，因此决策或者判断等的质量是有限的。

然而，如果对问题进行适当的建模，就可以减少人类在认知过程中的局限性，提高决策质量。

7.6.1.2 决策模型的作用

根据表7-2可知，规范模型的需要程度得分高达4.21分。这个结果为这项研究提供了积极动机,因为它进一步表明有必要为社会资本提供一个规范的投资决策流程和模型,帮助社会资本准确地做出投资决定,以取得项目的成功。

同样根据表7-2,投资决策对公司业绩的影响程度得分高达3.98分,意味着大部分专家相信建立这类模型有助于改善投资决策表现,并有助于企业在后期的PPP项目执行过程中取得成功。这一结果有力地证明了需要一个合理的投资决策模型来帮助社会资本正确地进行投资决策,从而实现项目的成功。

人类的思维受到短期记忆的限制,只能形成内部的长期记忆。许多认知心理学的研究表明,人类的大脑在同一时间面对大量的信息时会受到巨大的挑战。为了应对这一挑战,人类会使用一种形式化的决策模型来简化情况。该模型作为一种工具来增加决策者的外部内存。如果在解决问题时系统地使用形式化的决策模型,决策者可能会变得足够熟练,并能够一致地管理大量的信息。决策模型可以利用外部内存对决策情况进行结构化,并分析大量有用的信息,然后指导有限理性的人类做出有质量的判断或者决策。

因此,根据PPP项目的现实情况,结合投资人在投资前期所获取的全部信息,建立合适的形式化的投资决策模型,将大大减少投资人在PPP项目判断或投资决策过程中的有限理性行为,同时管理并运用有效信息,做出更有质量的投资决策。

7.6.2 中国PPP项目投资决策方法选择

7.6.2.1 投资决策方法回顾

(1) 风险管理技术。

在PPP项目生命周期过程中,各种影响因素的存在使得项目总是动态变化,当其经济效果偏离预期值时,风险就发生了。项目实施过程中风险的存在可能会导致成本增加,给项目带来经济损失。很多学者都致力于研究项目实施过程中的风险因素及其有效的分配方法。现实中,许多企业和投资人在做出投资决策之前,也会慎重考虑项目风险因素对项目投资的影响,但大部分都是定性分析,实际使用中定量分析相对较少。在项目投资决策前期过程中根据风险识别和风险分配的结果以及风险量化的数据计算风险成本,分析实施该项目的风险成本是否在投资人可控范围之内,以此来进行投资决策。

(2) 项目评估技术。

世界银行开发出多种风险分析工具来分析建筑风险,并从世界银行的立场评价国际项目的可行性和健全程度。这些风险分析工具主要包括概率分析、灵敏度分析和模拟仿真法等,并将这些风险分析工具应用于评估项目的不确定性,例如估计概率分布、概率公式以及评估不确定条件下的项目收益。

然而，这些项目评估工具仅从业主和贷款人的角度评估潜在项目的可行性，而从未提出从社会投资人的角度分析项目可行性的方法和工具。此外，这些工具未建立系统的基于风险的决策模型，并兼顾其他各类项目决策影响因素和决策过程来支持社会资本对 PPP 项目的投资决策。

(3) 项目组合管理。

项目组合管理根据组织战略目标对每个项目进行评价、选择，将有限的资源进行优化配置，通过项目的运行与监控并最终实现组织的目标[179]。该技术基于一定的假设条件，即每个项目的投资均具有一定的风险和回报，将风险关联性最小的项目组合在一起可能会实现组合项目的整体风险最小化。该方法主要适用于金融投资分析，通过投资多元化来分析不同投资组合的风险大小。

(4) 信息框架分析过程模型。

Messener 从承包商的角度提出国际工程项目评估的信息框架，明确承包商有效地进行工程项目投标决策时需要掌握的 5 种信息：组织、投入、过程、环境及设施。并且其基于已获取的信息，提出了确定企业是否进行投标的一套评估流程。然而，该过程模型由于过于强调定性分析和概念化，不具有任何定量计算分析能力，导致决策者很难做出明确的决策。

(5) DFC 分析方法。

DFC 分析方法主要包括投资回收期法、会计收益率法（ARR）、净现值法（NPV）、内部收益率法（IRR）、投资回报率（ROI）、获利指数法等[180]，是目前我国 PPP 项目投资决策中最常使用的方法。但是此方法主要建立在以下基本假设之上：一是能够准确确定贴现率及每年的净现金流；二是投资者在决策过程中仅扮演被动角色，做出刚性决策，不存在管理柔性；三是不考虑项目无形资产的价值。这些假设与现实情况差距甚大[180]。

(6) 决策分析方法。

一是决策树法。决策树法用决策点和方案树枝分别代表决策问题和全部可行的决策方案及可能出现的各种状态，通过概率计算各个方案不同条件下的损益值，方便决策者对不同的方案进行比较。决策树法能直观地显示整个决策问题在时间和决策顺序上不同阶段的决策过程，但其概率的确定较为主观，可能导致决策失误。

二是影响图法。影响图法是 20 世纪 80 年代初由 Howard 与 Matheson 提出的一种决策分析方法与工具。它是根据决策者对问题的描述，结合专家的知识表示问题结构的一种直观图形，在图中明确揭示变量之间的概率关系和信息流向。影响图用一个决策分析模型的网络表示，数学定义明确，图形直观且易于理解，便于决策分析者与决策者、专家进行交流。

三是层次分析法。层次分析法是将一个复杂的问题分解成若干个子问题，通过判断矩阵极端指标相对重要程度，然后将所有子问题的解聚合成一个结论的多目标决策方法。层次分析法将定性分析与定量分析相结合，综合考虑多个因素的影响，对数据精确度要求较低，简便易行。但是定量数据较少，定性成分较多，主观性较强[181]。

四是基于模糊理论的决策方法。由于知识和信息不完备，仅用精确的数学模型来模拟复杂的系统是不够的。人类思维和客观事物都会存在模糊性，为了表现日常生活中的模糊性，Zadeh 在 1965 年引入了模糊集的概念。基于这一概念，Bellman 等提出了模糊决策理论[182]。他们将模糊目标和模糊约束结合起来，在模糊环境中定义决策。在决策中应用最为直接的是模糊综合评价，即用模糊数学方法对多种因素影响的事物进行总的评价[183]。

7.6.2.2 投资决策方法选择的原则

(1) 增加不确定性条件下投资决策的质量。

一个决策不应该被草率地做出，而应该是慎重的、有质量的。当一个决策涉及众多不确定因素时，不能仅仅依据决策结果来判断其是否有质量。有学者提出，决策质量以及评估决策质量的维度能够加以测量，从而为更佳的管理创造机会。决策质量包括六个评价维度，分别是：①适当的决策框架；②创造性的、可实施的替代方案；③有意义的和可靠的信息；④明确的价值和权衡；⑤逻辑上正确的推理；⑥对行动做承诺。决策分析方法关注"内在的"决策质量，并提供了一个具有数学框架的规范形式，能够有效处理决策质量评价维度中的每一个维度，提高不确定条件下的决策质量。

(2) 满足多属性决策的需求。

由于 PPP 项目涉及众多的利益相关者，投资人在做出投资决策时，在考虑投资收益满足自身需求的同时，还需要考虑不同项目参与者的不同目标。因此，选择的投资决策方法应当有效反映决策中的多目标需求。此外，仅对投资人来说，决策目标也不仅仅只有一个，除了传统投资决策中需要实现的投资回报目标，还有其他的投资目标，如未来市场的拓展、工作需求、发展新关系等。

(3) 决策方法具有可操作性。

本研究基于社会资本视角，试图建立一个针对 PPP 项目投资决策的模型。选择的决策方法最重要的一个特点就是能够实施，且易于投资人操作，主要体现在使用方法及数据获取的简便准确性。

7.6.2.3 中国 PPP 项目投资决策工具选择

由于 PPP 项目所处的环境较复杂，投资额大，投资周期长，面临的影响因素多且关系复杂，只有选择一个恰当的投资决策方法，才能有效指导建立符合市场特征以及PPP项目特点的投资决策模型，为投资人的决策提供科学依据。常用的决策方法在上一节内容中已做出了简单阐述，本节结合中国PPP项目的特点，探索合适的决策方法，根据选择决策方法的三大原则，结合PPP项目在前期投资决策阶段项目数据的不完备性和影响因素多而复杂等特征，我们选择使用模糊层次分析法（Fuzzy Analytic Hierarchy Process，FAHP）构建投资决策模型，以指导社会资本做出更有质量的决策。

7.6.3 中国PPP项目投资决策模型构建方法

7.6.3.1 模糊层次分析法适用性分析

PPP项目前期投资决策过程涉及政府、投资人、项目及环境相关因素，因素众多，层次结构复杂，且大部分因素无法用具体准确的数据量化。由于PPP项目投资决策问题的复杂性和不确定性，决策者的偏好往往不精确，专家在比较各种标准时无法给出准确的值。

模糊层次分析法将评价指标体系构建成递阶的层次结构，使用语言标签来评估属性、因素、条件和（或）标准的相对重要性，使用模糊数来构造比较矩阵，并与同级别的其他因素进行配对比较。对于多因素、信息模糊、层次复杂的PPP项目投资决策，模糊层次分析法十分具有针对性。

7.6.3.2 中国PPP项目投资决策流程模型

投资决策流程模型是一个标准化的流程模型，提供了一个决策过程的逻辑顺序，在一定程度上能够帮助决策者对决策信息和主观认识进行更全面充分的分析，为社会投资人在不确定情况下做出有质量的投资决策提供规范化的路径。

中国PPP项目投资决策流程图如图7-2所示。

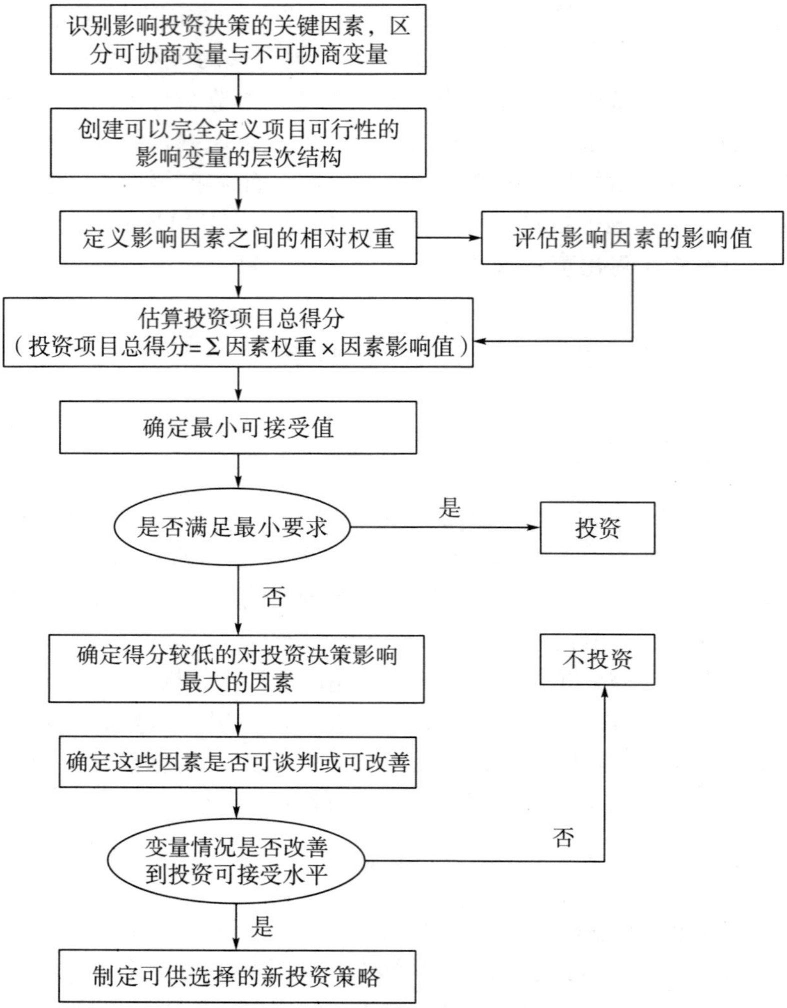

PPP 项目风险管理新框架和几个关键问题

图 7-2 中国 PPP 项目投资决策流程图

7.6.3.3 中国 PPP 项目投资决策模型

(1) 决策影响因素层次结构模型。

采用 FAHP,结合污水处理 PPP 项目的现实情况,建立投资决策影响因素层次分析结构模型,其分为目标层、准则层、指标层和评价单元。第一层是 PPP 项目投资决策影响因素,第二层是政府相关因素、投资人相关因素、项目相关因素、环境相关因素四个一级指标,第三层是一级指标下具体划分的影响投资决策的具体因素,第四层由每个评价单元组成。在第 4 章识别出来的 PPP 项目投资决策关键影响因素的基础上,构建中国 PPP 项目投资决策层次结构模型,如图 7-3 所示。

7 基于风险的 PPP 项目 Go/No-Go 决策

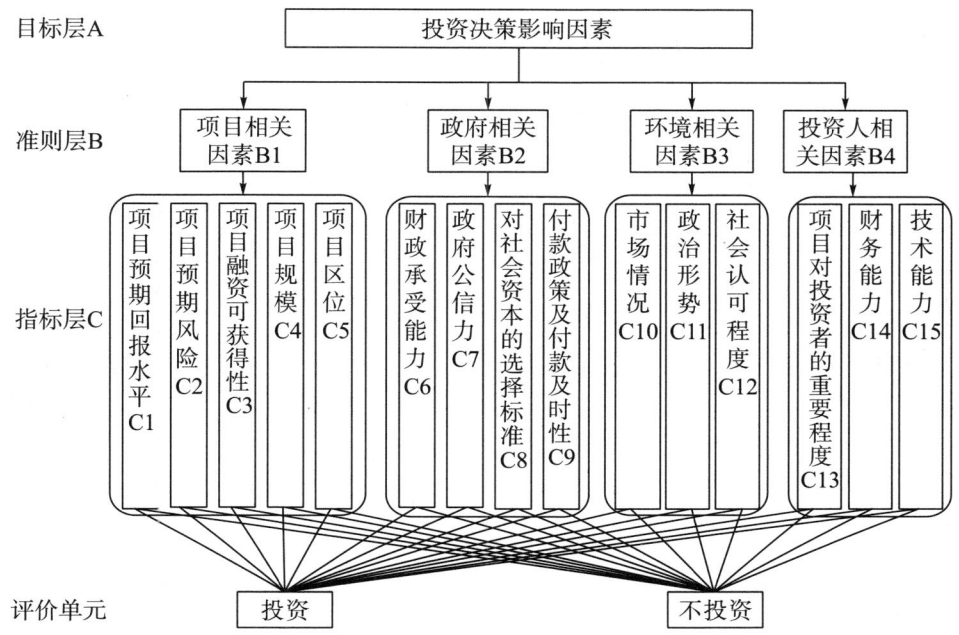

图 7-3 中国 PPP 项目投资决策层次结构模型

（2）构造判断矩阵及一致性检查。

一是利用两两比较建立判断矩阵。

利用专家调查法邀请 PPP 项目行业领域内的专家对决策影响因素的影响程度进行评价，每个专家均采用九分制量表从同一层次表达两个影响因素的相对重要性。收集两两比较的得分，形成每个专家的两两比较判断矩阵 $\boldsymbol{B}_u = (c_{ij})_n \times n$。$B_u$ 表示准则层 B 层的因素，用 c_{ij} 表示因素 c_i 对 c_j 的相对重要性，$c_{ij} = (l_{ij}, m_{ij}, u_{ij})$ 是一个三角模糊数，l_{ij}、m_{ij}、u_{ij} 分别表示因素 c_i 和 c_j 相对于影响因素 B 进行比较时，专家给出的因素 c_i 和相对因素 c_j 的重要度的最悲观估计、最可能估计和最乐观估计，$l_{ij} \leqslant m_{ij} \leqslant u_{ij}$。

二是一致性检验。

若想要权重向量能够正确反映各影响因素之间的相对重要程度，则要求判断矩阵具有一致性。于是在求取权重向量之前需要对判断矩阵的一致性进行检验。关于三角模糊数互补判断矩阵的一致性检查问题，本研究采用朱松岭等（2004）[184]提出的方法加以判定，即选择判断矩阵中最可能估计值得到的模糊互补判断矩阵 $M = (m_{ij})_{n \times n}$，如果 M 满足一致性要求，则可近似认为 B 也满足一致性要求。

一致性指标（CI）与一致性比例（CR）的计算采用 Satty（1977）的方法[64]，见表 7-8。一般来说，当 $CR < 0.1$ 时，就认为矩阵的一致性可以接受；

当 $CR \geqslant 0.1$ 时，一致性检验不合格，决策者必须对两两比较矩阵的原始值进行修正。

表 7-8　随机一致性指标 RI

阶数	1	2	3	4	5	6	7	8	9	10	11
RI	0.00	0.00	0.58	0.96	1.12	1.24	1.32	1.41	1.45	1.49	1.51

（3）确定属性权重。

一是计算单个因素权重向量。

假设共 s 个专家对影响程度进行评价，可形成每个专家的模糊判断矩阵：$\boldsymbol{B}_u^k = [(c_{ij}^k)_{n \times n}, k=1, 2, \cdots, s]$。采用 Chang D Y（1996）[185] 提出的方法综合所有专家的看法，得到综合判断矩阵 $\overline{\boldsymbol{B}}_u = (\overline{c_{ij}})_{n \times n}$。

$$\overline{c_{ij}} = \left(\frac{\sum_{k=1}^{s} l_{ij}^k}{s}, \frac{\sum_{k=1}^{s} m_{ij}^k}{s}, \frac{\sum_{k=1}^{s} u_{ij}^k}{s} \right) \quad (7-2)$$

对单个影响因素的模糊综合评价值进行计算并归一化处理，得出单个因素的相对权重向量 w'，其计算如下：

$$\begin{aligned}
w' &= \frac{\sum_{j=1}^{n} \overline{c_{ij}}}{\sum_{i=1}^{n} \sum_{j=1}^{n} \overline{c_{ij}}} \\
&= \left(\frac{\sum_{j=1}^{n} l_{ij}}{\sum_{i=1}^{n} \sum_{j=1}^{n} u_{ij}}, \frac{\sum_{j=1}^{n} m_{ij}}{\sum_{i=1}^{n} \sum_{j=1}^{n} m_{ij}}, \frac{\sum_{j=1}^{n} u_{ij}}{\sum_{i=1}^{n} \sum_{j=1}^{n} l_{ij}} \right) \quad (7-3)
\end{aligned}$$

二是影响因素相对权重。

对于两个权重的三角模糊数 $w'_1 = (l_1, m_1, u_1)$ 与 $w'_2 = (l_2, m_2, u_2)$，计算 $w'_1 \geqslant w'_2$ 的可能度如下：

当 $m_1 \geqslant m_2$ 时，$V(w'_1 \geqslant w'_2) = 1$；

当 $m_1 \leqslant m_2$ 时，$V(w'_1 \geqslant w'_2) = \dfrac{l_2 - u_1}{(m_1 - u_1) - (m_2 - l_2)}$。

于是因素的相对权重表示为：

$$P'_i = \min V(w'_i \geqslant w'_k), k = 1, 2, \cdots, n \quad (7-4)$$

计算影响因素相对权重向量：

$$\boldsymbol{P}' = (p'_1, p'_2, \cdots, p'_n)^{\mathrm{T}} \quad (7-5)$$

通过归一化计算，得到归一化后的相对权重向量：

$$\boldsymbol{P} = (p_1, p_2, \cdots, p_n)^{\mathrm{T}} \quad (7-6)$$

三是层次总权重。

在此模型中，准则层 B 包含 m 个因素 $b_1, b_2, \cdots, b_m$，其层次总排序权重分别为 $b_1, b_2, \cdots, b_m$，下一层包含 n 个因素 $c_1, c_2, c_3, \cdots, c_n$，其对于 B

层第 j 个因素的层次权重分别为 c_{j1}，c_{j2}，…，c_{jn}。此时，因素的总权重计算如下：

$$c_j = \sum_{k=1}^{m} b_k c_{kj}, j = 1, 2, \cdots, n \tag{7-7}$$

（4）投资评估。

确定了各因素的影响程度之后，需要对各影响因素对投资项目的正向或负向影响做出评价。此处同样采取专家打分法对影响因素做出评价，专家利用百分制对第 j 个因素打分为 r_j，分为五个评判等级（表7-9）：优秀（90～100分）、良好（80～89分）、一般（70～79分）、较差（60～69分）、很差（0～59分）。

表 7-9 影响指标评分标准

评价等级分值	含义
优秀（90～100）	该因素对投资行为有很强的正向作用，非常有利于投资。
良好（80～89）	该因素对投资行为有较强的正向作用，比较有利于投资。
一般（70～79）	该因素对投资行为的正向作用不明显，一般有利于投资。
较差（60～69）	该因素对投资行为有较强的负向作用，比较不利于投资。
很差（0～59）	该因素对投资行为有很强的负向作用，非常不利于投资。

于是，该 PPP 项目投资决策总得分为：

$$TR = \sum_{j=1}^{n} c_j r_j \tag{7-8}$$

投资人可自行根据自己企业的实际情况设定一个阈值。若总得分 TR 大于该阈值，则选择投资；若总得分 TR 小于该阈值，则做出不投资决策。若最终决策结果为不投资，可查看具体哪个因素不满足要求，是否可以进行协调改进，改进之后再进行投资决策评价流程。

7.7 中国 PPP 项目投资决策案例

为了更好地理解和演示本研究构建的投资决策模型，本章选择了一个典型案例，通过运用上述模型演示 PPP 项目的投资决策过程。

7.7.1 项目概况

该项目概况见表 7-10。

表 7-10　X 区第一污水处理厂及水环境工程 PPP 项目边界条件一览表

边界条件	条件概要
项目名称	X 区第一污水处理厂及水环境工程 PPP 项目。
项目性质	新建。
运作方式	BOT。
项目规模	污水处理厂投资约 15.7 亿元，水环境工程项目投资约 10.62 亿元，项目总投资 26.32 亿元。
建设内容	(1) 第一污水处理厂项目：总规模 26 万吨/日，分两期实施，其中一期规模为 10 万吨/日（其中一期一阶段土建规模为 10 万吨/日，设备规模为 5 万吨/日，高品质再生水规模为 1 万吨/日；一期二阶段增加规模 5 万吨/日的设备安装），污水厂处理后尾水全部回用，回用用途待再生水回用规划确定。该污水厂建设形式为全地下式（地埋式），地面部分建设全开放式景观公园。污水管道工程位于 a 湖湖尾水环境上下游沿岸。污水管道总长 11.4 公里。 (2) 水环境工程项目：以建设生态河道为目标，结合 X 区规划，融入海绵城市理念，包括鹿溪河防洪、生态修复、景观文化打造、滨河交通系统建设等工程。鹿溪河上游生态河道、周边水系：湖尾水环境设计红线面积 220 万平方米，包含两岸景观、护岸、配套设施、地下车库、景观桥、闸坝及水环境等工程；周边水系包括天宝沟回填、贾家切沟沉砂池建设以及刘沟局部拓宽等工程。
建设周期	(1) X 区第一污水处理厂项目：项目一期一阶段自项目开工之日起算，至项目试运行完成（不迟于 2016 年 8 月 30 日）；一期二阶段及二期具体实施时间由采购人另行确定。 (2) 水环境工程项目：自项目开工之日起算，至项目竣工验收合格（原则上不迟于 2017 年 8 月 30 日）。
合作期限	(1) X 区第一污水处理厂项目：特许经营期 30 年。 (2) 水环境工程项目：运营期 10 年。
采购方式	公开招标
工程产出要求	工程质量达到现行施工验收规范合格标准；出水标准按优于《城镇污水处理厂污染物排放标准》（GB 18918—2002）一级 A 标准水质指标执行，高品质再生水指标按《城市污水再生利用　城市杂用水水质》（GB/T 18920—2002）执行，并满足设计要求。污泥排放、废气标准应执行国家《城镇污水处理厂污染物排放标准》（GB 18918—2002），并应符合其他国家标准、行业标准以及该省市的现行标准，如前述标准有冲突，则以较严格标准为准。
土地使用权	污水处理厂项目所需土地由国土房管局按照选址点位在项目开工前按有偿划拨的方式供地，供地价格按不低于征地成本价确定。
投融资结构	资本金来源包括项目公司资本金和融资，其中项目公司资本金占比 20%~30%，融资占比 70%~80%。
投资付费率	年投资付费率不高于 8.50%，年合理利润率不高于 3.00%。

续表7-10

边界条件	条件概要
支付方式	（1）污水处理费用按日计量、按月结算、按年支付，污水处理服务费＝当年污水处理服务费单价×当年污水处理量，由 X 区规划建设局每年根据 PPP 管理中心批准的付款申请向项目公司支付污水处理费用。 （2）水环境费用＝工程建设费×当年应付比例＋投资付费＋运营服务费，第 1 年支付 20%，第 2 年支付 15%，第 3 年支付 15%，第 4 年支付 10%，第 5 年支付 10%，第 6 年支付 7.5%，第 7 年支付 7.5%，第 8 年支付 7.5%，第 9 年支付 5%，第 10 年支付 2.5%。
回报机制	可行性缺口补助，政府购买污水处理服务不足以满足项目公司成本回收和合理回报时，由管委会以财政补贴、优惠贷款等形式，给予项目公司经济补助。
运营成本	要求参照届时有效的《X 省污水处理定价成本监审办法》核定。
履约担保	需提供建设期履约保函、运营期履约保函及移交维修保函。 （1）第一污水处理厂项目一期一阶段建设期履约担保的金额按项目投资总额的 5% 提交，特许经营履约担保的金额为 500 万元，移交维修担保的金额为 500 万元。 （2）水环境工程项目建设期履约担保的金额按投资总额的 5% 提交，运营期履约担保的金额为 1000 万元，移交维修担保的金额为 500 万元。 分别在项目竣工验收合格、运营期满、移交质量保证期届满时解除。
投资人选择标准	公开招标，采用综合评分法确定中标人。分值构成包括投标报价（15 分）、综合实力（35 分）、合同响应（5 分）、实施方案（45 分）。投资人必须具有在中国境内成功投资、建设或运营 5 万吨/日及以上规模污水处理厂的良好项目业绩和经验；具有良好的财务状况，净资产不低于人民币 4 亿元；参加本次招标活动前三年无不良记录，在经营中无重大违法记录。

7.7.2 基于模糊层次分析法的投资决策

7.7.2.1 构造判断矩阵

根据前文建立的关键影响因素层次结构模型，设置问卷并邀请专家对各影响因素进行评分。专家根据多年行业经验进行评分，建立原始判断矩阵数据。按照第 5 章的计算方法，此处直接展示专家意见的综合判断矩阵。

（1）准则层计算结果。

按照模糊层次分析法的计算步骤，构建准则层判断矩阵（$A-B$），一致性比例 $CR=0.0058<0.1$，满足一致性要求。

准则层判断矩阵汇总表见表 7-11。

表 7-11　准则层判断矩阵汇总表

$A-B$	B1 项目相关	B2 政府相关	B3 环境相关	B4 投资人相关	P
B1 项目相关	(1.00, 1.00, 1.00)	(1.08, 1.50, 1.93)	(1.60, 2.10, 2.60)	(1.50, 2.00, 2.50)	0.43
B2 政府相关	(0.66, 0.87, 1.17)	(1.00, 1.00, 1.00)	(1.10, 1.60, 2.10)	(1.20, 1.70, 2.20)	0.32
B3 环境相关	(0.39, 0.49, 0.67)	(0.48, 0.63, 0.93)	(1.00, 1.00, 1.00)	(0.48, 0.83, 1.23)	0.08
B4 投资人相关	(0.41, 0.51, 0.70)	(0.50, 0.68, 1.10)	(0.90, 1.30, 2.10)	(1.00, 1.00, 1.00)	0.18

（2）项目相关影响因素 B1 指标层计算结果。

B1 指标层一致性比例 $CR=0.004<0.1$，满足一致性要求。

B1 指标层判断矩阵汇总表见表 7-12。

7 基于风险的PPP项目Go/No-Go决策

表7-12 B1 指标层判断矩阵汇总表

B1	C8 预期回报水平	C9 预期风险	C10 项目融资可获得性	C11 项目规模	C12 项目区位	P
C1 预期回报水平	(1.00, 1.00, 1.00)	(1.00, 1.50, 2.00)	(0.68, 1.10, 1.53)	(1.80, 2.30, 2.80)	(1.60, 2.10, 2.60)	0.36
C2 预期风险	(0.50, 0.67, 1.00)	(1.00, 1.00, 1.00)	(0.46, 0.80, 1.17)	(1.10, 1.60, 2.10)	(1.30, 1.80, 2.30)	0.23
C3 项目融资可获得性	(0.77, 1.07, 1.70)	(1.00, 1.40, 2.20)	(1.00, 1.00, 1.00)	(1.40, 1.90, 2.40)	(1.40, 1.90, 2.40)	0.32
C4 项目规模	(0.39, 0.51, 0.78)	(0.49, 0.67, 1.07)	(0.46, 0.61, 0.98)	(1.00, 1.00, 1.00)	(0.50, 0.93, 1.40)	0.05
C5 项目区位	(0.39, 0.49, 0.67)	(0.44, 0.57, 0.80)	(0.43, 0.55, 0.77)	(0.73, 1.10, 2.00)	(1.00, 1.00, 1.00)	0.05

(3) 政府相关因素 B2 指标层计算结果。

B2 指标层一致性比例 $CR=0.04<0.1$，满足一致性要求。

B2 指标层判断矩阵汇总表见表 7-13。

表 7-13 B2 指标层判断矩阵汇总表

B2	C1 财政承受能力	C2 政府公信力	C3 对社会资本的选择标准	C4 付款政策及付款及时性	P
C6 财政承受能力	(1.00, 1.00, 1.00)	(1.40, 1.90, 2.40)	(1.20, 1.70, 2.20)	(1.00, 1.43, 1.90)	0.29
C7 政府公信力	(0.42, 0.53, 0.73)	(1.00, 1.00, 1.00)	(0.70, 0.93, 1.30)	(0.57, 0.85, 1.20)	0.23
C8 对社会资本的选择标准	(0.47, 0.61, 0.90)	(0.88, 1.30, 1.73)	(1.00, 1.00, 1.00)	(0.80, 1.23, 1.70)	0.19
C9 付款政策及付款及时性	(0.58, 0.80, 1.13)	(1.04, 1.42, 2.00)	(0.65, 0.93, 1.53)	(1.00, 1.00, 1.00)	0.29

(4) 环境相关因素 B3 指标层计算结果。

B3 指标层一致性比例 $CR=0.02<0.1$，满足一致性要求。

B3 指标层判断矩阵汇总表见表 7-14。

表 7-14 B3 指标层判断矩阵汇总表

B3	C13 市场情况	C14 政治形势	C15 社会认可程度	P
C10 市场情况	(1.00, 1.00, 1.00)	(0.80, 1.23, 1.70)	(1.30, 1.80, 2.30)	0.39
C11 政治形势	(0.63, 0.90, 1.40)	(1.00, 1.00, 1.00)	(1.10, 1.60, 2.10)	0.34
C12 社会认可程度	(0.45, 0.60, 0.93)	(0.48, 0.63, 0.93)	(1.00, 1.00, 1.00)	0.27

(5) 投资人相关因素 B4 指标层计算结果。

B4 指标层一致性比例 $CR=0.008<0.1$，满足一致性要求。

B4 指标层判断矩阵汇总表见表 7-15。

表 7-15 B4 指标层判断矩阵汇总表

B4	C5 项目对投资者的重要程度	C6 财务能力	C7 技术能力	P
C13 项目对投资者的重要程度	(1.00, 1.00, 1.00)	(1.08, 1.50, 1.93)	(0.70, 1.07, 1.50)	0.38
C14 财务能力	(0.67, 0.90, 1.30)	(1.00, 1.00, 1.00)	(1.00, 1.50, 2.00)	0.36
C15 技术能力	(0.73, 1.07, 1.60)	(0.58, 0.63, 0.92)	(1.00, 1.00, 1.00)	0.27

7.7.2.2 确定属性权重

影响因素指标权重汇总表见表7-16。

表7-16 影响因素指标权重汇总表

目标层	准则层	准则层权重	指标层	指标层相对权重	指标权重
污水处理PPP项目投资决策	B1 项目相关因素	0.43	C1 预期回报水平	0.36	0.15
			C2 预期风险	0.23	0.10
			C3 项目融资可获得性	0.32	0.14
			C4 项目规模	0.05	0.02
			C5 项目区位	0.05	0.02
	B2 政府相关因素	0.32	C6 财政承受能力	0.29	0.09
			C7 政府公信力	0.23	0.07
			C8 对社会资本的选择标准	0.19	0.06
			C9 付款政策及付款及时性	0.29	0.09
	B3 环境相关因素	0.08	C10 市场情况	0.39	0.03
			C11 政治形势	0.34	0.03
			C12 社会认可程度	0.27	0.02
	B4 投资人相关因素	0.18	C13 项目对投资者的重要程度	0.38	0.07
			C14 财务能力	0.36	0.06
			C15 技术能力	0.27	0.05

7.7.2.3 投资评估

根据所了解的该污水处理PPP项目的关键信息，由经验丰富的专家按照污水处理PPP项目投资决策指标体系进行评估打分，评估结果见表7-17。项目经过评估得出总分为86.32分，项目评估较为优秀，值得投资。

PPP 项目风险管理新框架和几个关键问题

表 7-17 X 区第一污水处理厂及水环境工程 PPP 项目投资决策评分表

评估类别	评估指标	权重	专家 1	专家 2	专家 3	专家 4	专家 5	平均得分	加权得分	总分
污水处理 PPP 项目 投资决策	B1 项目相关因素									86.32
	C1 预期回报水平	0.15	90	87	88	92	89	89.2	13.67	
	C2 预期风险	0.10	88	85	86	83	80	84.4	8.19	
	C3 项目融资可获得性	0.14	87	85	84	85	86	85.4	11.76	
	C4 项目规模	0.02	90	89	88	90	90	89.4	1.74	
	C5 项目区位	0.02	90	87	86	89	88	88.0	1.73	
	B2 政府相关因素									
	C6 财政承受能力	0.09	95	90	96	94	95	94.0	8.76	
	C7 政府公信力	0.07	90	90	88	89	87	88.8	6.43	
	C8 对社会资本的选择标准	0.06	78	80	75	77	82	78.4	4.65	
	C9 付款政策及付款及时性	0.09	85	89	86	84	88	86.4	8.05	
	B3 环境相关因素									
	C10 市场情况	0.03	90	89	88	86	85	87.6	2.70	
	C11 政治形势	0.03	84	85	83	86	82	84.0	2.22	
	C12 社会认可程度	0.02	88	85	84	80	86	84.6	1.81	
	B4 投资人相关因素									
	C13 项目对投资者的重要程度	0.07	75	70	73	76	80	74.8	4.95	
	C14 财务能力	0.10	90	85	87	91	83	87.2	8.64	
	C15 技术能力	0.03	89	91	88	86	89	88.6	2.85	

7.7.3 决策案例要点总结

7.7.3.1 决策因素总结

从决策评分中可知，项目预期回报水平、项目规模、财政承受能力、财务能力、预期风险、付款政策及付款及时性得分较高。在后期对该项目进行调研时发现，这些影响因素在项目实际实施过程中均满足投资人预期，未对项目实施造成不良影响。

此外，在与项目投资人沟通过程中发现，本研究中所提及的政府公信力、政治形势、项目融资可获得性等因素在项目投资阶段并未考虑或重视程度不足。项目实施期间，国内 PPP 项目存在由此类问题导致项目终止的情况，这无论对政府还是对社会资本都造成了无法挽回的损失，敲响了全面考虑影响因素、谨慎投资的警钟。

7.7.3.2 决策模型总结

该污水处理 PPP 项目已经顺利进入执行阶段，于 2018 年 8 月底正式开始运行，且被评为第一批次省级示范项目及第二批次国家级示范项目。该项目不仅取得了良好的社会效应，还为该社会资本打入该省市场奠定了基础。项目实施以后，该社会资本陆续在该省获取了多个 PPP 项目，取得了良好的收益。这在一定程度上也印证了本研究提出的污水处理 PPP 项目投资决策框架的有效性。

附　录

附录一　PPP 项目风险回流止逆研究问卷调研

尊敬的专家：

非常感谢您百忙之中参与基于 PPP 项目风险回流止逆研究的问卷调研，调研结果主要用于研究团队 PPP 项目研究设计，不作其他商业用途。

（一）基本信息

1. 您从事 PPP 项目的年限（　　）？

　　A. 1—2 年　　　B. 3—5 年　　　C. 6—10 年　　　D. 10 年以上

2. 您曾参与的 PPP 项目数量（　　）？

　　A. 1—5 个　　　B. 6—10 个　　　C. 10—25 个　　　D. 25 个以上

3. 您所在的 PPP 咨询公司的类型是（　　）？

　　A. 传统 PPP 咨询公司（如大岳、济邦等）

　　B. 工程咨询公司

　　C. 新型 PPP 咨询公司（律所、会计师事务所等）

4. 您作为咨询顾问参与 PPP 项目的服务对象是（多选）（　　）？

　　A. 政府部门及其附属机构　　B. 总承包商　　C. 施工单位　　D. 运营商　　E. 项目公司股东（投资方）　　F. 金融机构　　G. 设计单位　　H. 其他

5. 您作为咨询顾问参与 PPP 项目的服务阶段是（多选）（　　）？

　　A. 识别准备阶段　　B. 采购阶段　　C. 运营阶段　　D. 执行阶段　　E. 移交阶段

6. 您作为咨询顾问参与 PPP 项目的服务内容包括（多选）（　　）？

　　A. 项目建议书、可行性研究报告等

　　B. 项目实施方案、物有所值评价报告、财政承受能力论证报告

　　C. PPP 项目合同咨询

　　D. 招标或采购代理

E. 编制中期评估报告

F. 建设或运营期绩效考核服务方案

G. 融资咨询

H. 尽职调查、市场测试等

I. 其他服务

（二）PPP项目风险因素影响

1. 请判断下表所列风险的发生概率。

序号	风险因素	风险发生概率				
		非常高	高	中等	低	很低
1	政治风险					
2	法律风险					
3	需求风险					
4	环境风险（流域水质等）					
5	市场风险					
6	设计风险					
7	技术风险					
8	土地获取风险					
9	融资风险					
10	建设风险（成本工期）					
11	基础设施配套风险					
12	运营风险					
13	收益不足风险					
14	费用支付风险					
15	合同风险					
16	竞争风险					
17	组织协调风险					
18	社会资本信用风险					
19	信息不对称风险					
20	机会主义风险					
21	不道德行为风险					

2. 请判断下表所列风险的严重程度。

序号	风险因素	风险的严重程度				
		非常高	高	中等	低	很低
1	政治风险					
2	法律风险					
3	需求风险					
4	环境风险（流域水质等）					
5	市场风险					
6	设计风险					
7	技术风险					
8	土地获取风险					
9	融资风险					
10	建设风险（成本工期）					
11	基础设施配套风险					
12	运营风险					
13	收益不足风险					
14	费用支付风险					
15	合同风险					
16	竞争风险					
17	组织协调风险					
18	社会资本信用风险					
19	信息不对称风险					
20	机会主义风险					
21	不道德行为风险					

（三）PPP项目风险回流现状

序号	风险类别	风险初始分配			风险最终分配		
		政府	社会资本	共担	政府	社会资本	共担
1	政治风险						
2	法律风险						
3	需求风险						

续表

序号	风险类别	风险初始分配			风险最终分配		
		政府	社会资本	共担	政府	社会资本	共担
4	环境风险（流域水质等）						
5	市场风险						
6	设计风险						
7	技术风险						
8	土地获取风险						
9	融资风险						
10	建设风险（成本工期）						
11	基础设施配套风险						
12	运营风险						
13	收益不足风险						
14	费用支付风险						
15	合同风险						
16	竞争风险						
17	组织协调风险						
18	社会资本信用风险						
19	信息不对称风险						
20	机会主义风险						
21	不道德行为风险						

附录二 中国 PPP 项目移交阶段成功要素、成功标准以及风险因素评价调查

尊敬的专家：

您好！

依托四川大学基础设施投融资与运营研究中心，本团队正在开展"中国 PPP 项目移交阶段成功要素、成功标准以及风险因素评价调查"项目的问卷调研。鉴于您在 PPP 领域深厚的学术造诣和丰富的实践经验，我们诚恳地邀请您

参与此次调研。

PPP 项目的移交阶段是指在特许经营权到期之前，政府和社会资本双方共同协作，完成资产的恢复性大修、评估、测试以及其他准备工作，最终实现项目由社会资本转移至政府的过程。为使研究更具针对性，本调研仅关注中国 PPP 项目。您的专业见解能够帮助我们更好地认识和进一步研究中国 PPP 项目的运营风险管理。

本次调研结果仅限于学术目的，对您的个人信息我们将会严格保密。您的意见对我们的研究至关重要，我们热切期待您的参与并致以最诚挚的感谢。希望您能在百忙之中抽空完成本问卷。

第一部分　受访者基本信息

1. 您的工作单位性质是（可多选）：
□高校/研究机构　　　　□政府部门　　　　□社会资本方
□咨询机构　　　　□承包商　　　　□其他，具体为_____

2. 您的职务/职称：
□高层管理者/高级职称　　　　□中层管理者/中级职称
□普通员工/初级职称　　　　□其他，具体为_____

3. 您从事 PPP 相关工作的年限为：
□5 年及以下　□6—10 年　□11—15 年　□16—20 年　□21 年及以上

4. 您参与或研究过的 PPP 项目行业为（可多选）：
□市政工程　□交通运输　□生态环境和保护　□城镇综合开发　□教育　□水利建设　□旅游　□医疗卫生　□文化　□政府基础设施　□保障性安居工程　□科技　□能源　□林业　□体育　□养老　□农业　□社会保障　□其他，请补充_____

5. 您参与或研究过的 PPP 项目数量为_____。

6. 您认为移交的风险管理对中国 PPP 项目全生命周期成功的重要性如何？
□非常重要　　□很重要　　□重要　　□可能重要　　□不重要

第二部分　中国 PPP 项目移交成功要素调查

本部分旨在调查您对 PPP 项目移交阶段成功要素的评价。所谓成功要素，是指组成完整移交过程的各个步骤以及与每个步骤紧紧相连的输入（即每个步骤作用的对象）、输出（每个步骤作用的结果）、控制（每个步骤的约束条件）和机制（每个步骤的支持机构）因素。总的来说，中国 PPP 项目移交可分为移交准备（移交委员会对大修计划、验收标准等重要安排达成一致）、资产大修（项目公司按照要求对资产进行最后恢复性大修）、评估测试（政府对大修后的资产进行评估和测试）、项目交割（按照移交安排，完成项目移交手续）和移交收尾（完善移交后相关手续，确定项目继续运行相关事宜）五个主要步骤。连接这五个步骤的，是由23个要素组成的信息流、物质流。它们的确定基于《政府和社会资本合作模式操作指南》及其他相关文献资料，并通过实际PPP项目进行了验证。本部分调查是对构成移交阶段的步骤、要素的完整性、关键性进行进一步的评价。

1. 目前，中国PPP项目移交阶段分为移交准备、资产大修、评估测试、项目交割和移交收尾五个步骤。您认为以上划分是否合理？是否需要增加或删除过程？

□完整　　□不完整，需增加_____　　□有多余过程，需删除_____

2. 中国PPP项目移交阶段关键因素评价。

请根据您的判断，为每个要素对成功移交的关键性打分，分值范围为1—5（非常低—非常高）。如您认为某一因素并不适用于本调查，请选择N/A项。如您认为需要增加关键因素，请在对应空白处添加并打分。

序号	成功要素	关键性 低·············高	N/A
1	项目设施、设备状态良好（大修前）	□1 □2 □3 □4 □5	□
2	用于移交管理的资源（财力、物力等）充足	□1 □2 □3 □4 □5	□
3	移交整体安排合理、指导性强	□1 □2 □3 □4 □5	□
4	移交验收标准科学、明确	□1 □2 □3 □4 □5	□
5	继任运营商确定及时、能力匹配	□1 □2 □3 □4 □5	□
6	项目整体具备基本的移交条件	□1 □2 □3 □4 □5	□
7	项目技术文件完备	□1 □2 □3 □4 □5	□
8	移交委员会能力强	□1 □2 □3 □4 □5	□
9	项目投资人能力强	□1 □2 □3 □4 □5	□
10	项目公司能力强	□1 □2 □3 □4 □5	□
11	政府主管部门能力强	□1 □2 □3 □4 □5	□
12	（政府指定的）项目接手企业能力强	□1 □2 □3 □4 □5	□
13	移交阶段产生的文件、报告等完整	□1 □2 □3 □4 □5	□
14	参与各方移交管理经验丰富	□1 □2 □3 □4 □5	□
15	相关合同条款明确、指导性强	□1 □2 □3 □4 □5	□

续表

序号	成功要素	关键性 低————————高	N/A
16	移交管理执行人员数量充足、能力匹配	□1 □2 □3 □4 □5	□
17	外部条件（项目所在地自然条件、政治制度和法律等）支持	□1 □2 □3 □4 □5	□
18	资产大修报告真实有效	□1 □2 □3 □4 □5	□
19	大修后资产性能提升	□1 □2 □3 □4 □5	□
20	性能测试结果真实有效	□1 □2 □3 □4 □5	□
21	测试后资产性能达标	□1 □2 □3 □4 □5	□
22	项目资产移交完整	□1 □2 □3 □4 □5	□
23	移交后项目资产再利用充分	□1 □2 □3 □4 □5	□
请补充（如有其他应对措施）			
		□1 □2 □3 □4 □5	
		□1 □2 □3 □4 □5	
		□1 □2 □3 □4 □5	

第三部分　中国PPP项目移交风险因素调查

本部分旨在调查您对PPP项目移交风险因素的评价。根据充分的文献回顾以及专家调查结果，识别出19项移交风险因素。请根据您的判断，为每项风险的发生可能性以及后果严重性打分，分值范围为15（非常低—非常高）。如您认为某一风险并不适用于本调查，请选择N/A项。如您认为需要增加风险，请在对应空白处添加并打分。

序号	风险因素	风险发生可能性 低————高	风险危害 低————高	N/A
1	待移交资产现状风险	□1 □2 □3 □4 □5	□1 □2 □3 □4 □5	□
2	继任运营商选择风险	□1 □2 □3 □4 □5	□1 □2 □3 □4 □5	□
3	人员移交风险	□1 □2 □3 □4 □5	□1 □2 □3 □4 □5	□
4	技术移交风险	□1 □2 □3 □4 □5	□1 □2 □3 □4 □5	□

续表

序号	风险因素	风险发生可能性 低----------高	风险危害 低----------高	N/A
5	大修争议风险（对恢复性大修范围、标准等有争议）	□1 □2 □3 □4 □5	□1 □2 □3 □4 □5	□
6	移交后资产性能不佳风险	□1 □2 □3 □4 □5	□1 □2 □3 □4 □5	□
7	合同风险（移交相关合同条款不清晰或不适用）	□1 □2 □3 □4 □5	□1 □2 □3 □4 □5	□
8	政治风险（如政府不当干预、违约等）	□1 □2 □3 □4 □5	□1 □2 □3 □4 □5	□
9	法律风险（如移交相关法律不完善）	□1 □2 □3 □4 □5	□1 □2 □3 □4 □5	□
10	不道德行为（如贿赂、索贿等）	□1 □2 □3 □4 □5	□1 □2 □3 □4 □5	□
11	信息不对称风险（如政府对项目信息掌握较少）	□1 □2 □3 □4 □5	□1 □2 □3 □4 □5	□
12	投机行为风险（如项目公司大修偷工减料）	□1 □2 □3 □4 □5	□1 □2 □3 □4 □5	□
13	信用风险（移交干系人发生不守信用事件）	□1 □2 □3 □4 □5	□1 □2 □3 □4 □5	□
14	环境风险（移交期间发生金融风险事件）	□1 □2 □3 □4 □5	□1 □2 □3 □4 □5	□
15	金融风险（移交期间发生金融风险事件）	□1 □2 □3 □4 □5	□1 □2 □3 □4 □5	□
16	需求风险（移交期间需求降低）	□1 □2 □3 □4 □5	□1 □2 □3 □4 □5	□
17	市场价格风险（移交期间产品价格波动）	□1 □2 □3 □4 □5	□1 □2 □3 □4 □5	□
18	配套设施风险（配套设施发生故障影响移交进程）	□1 □2 □3 □4 □5	□1 □2 □3 □4 □5	□
19	运营风险（如移交期间出现生产延期状况）	□1 □2 □3 □4 □5	□1 □2 □3 □4 □5	□
请补充（如有其他运营风险）				
		□1 □2 □3 □4 □5	□1 □2 □3 □4 □5	□

续表

序号	风险因素	风险发生可能性 低----------高	风险危害 低----------高	N/A
		☐1 ☐2 ☐3 ☐4 ☐5	☐1 ☐2 ☐3 ☐4 ☐5	

您对本次调查的其他评价、意见或建议：_____

如果您希望了解本调查的后续研究情况，请提供您的邮箱：_____

——问卷到此结束，谢谢您的参与——

附录三　中国PPP项目投资决策调研问卷

尊敬的专家：

您好！非常感谢您能在百忙之中抽出时间做此问卷。

PPP模式如今在中国运用得越来越广泛。本问卷旨在调研中国PPP项目投资决策的现状、影响投资人进行投资决策的因素及合理的投资决策方法。

本问卷共分为三部分，包含20个问题，全部填完约需3分钟。

本问卷所有数据仅供学术研究分析使用，不作他用，希望您能根据真实情况填写。针对问卷内容如有建议，欢迎您批评指点。谢谢您的支持！

第一部分　基础信息

1. 请问您所在单位性质是（单选题）（　　）

   A. 政府部门　B. 社会资本　C. 咨询机构　D. 高校或其他研究机构　E. 其他_____

2. 请问您从事PPP项目相关工作或研究的时间是（单选题）（　　）

   A. 0-3年　　　　　B. 4-6年
   C. 7-10年　　　　 D. 10年以上

3. 请问您参与过的PPP项目数量是（单选题）（　　）

   A. 0-3项　　B. 4-6项　　C. 7-10项　　D. 10项以上

4. 请问您是否参与过PPP项目投资决策（单选题）（　　）

   A. 是　　　　　　　B. 否

5. 您参与过的投资决策项目个数为（单选题）（　　）

   A. 0-3项　　B. 4-6项　　C. 7-10项　　D. 10项以上

6. 请问您在项目中的主要职能或研究 PPP 项目的主要方面是（单选题）（   ）

A. 投融资   B. 设计、建设   C. 运营、管理   D. 咨询或顾问工作

E. 监管及政策支持   F. 其他_____

第二部分　中国 PPP 项目投资决策现状评估

7. 您认为项目可投资性决策是否重要？请对可投资性决策的重要程度进行打分（   ）

1   2   3   4   5

8. 您认为对项目可投资性的考虑会在多大程度上提高公司经营业绩？请给影响程度打分（   ）

1   2   3   4   5

9. 请就您认为对一个 PPP 项目做出投资的决策难易程度进行打分（   ）

1   2   3   4   5

10. 贵公司是通过哪种方式解决投资决策问题的？（多选题）（   ）

A. 企业领导或专家拍板

B. 自身经验或直觉

C. 财务分析（如现金流分析、盈亏平衡分析等）

D. 决策分析（决策树或影响图）

E. 其他_____

11. 下表是决策通常使用的理论和方法，请就您对这些决策方法的了解程度进行打分。

理论/方法	了解程度				
	1	2	3	4	5
风险管理技术					
决策树					
影响图					
多准则决策					
蒙特卡洛模拟					
效用理论					
贝叶斯理论					
投资组合理论					
行为决策理论					

12. 请就您认为在对 PPP 项目做出投资决策时，对一个规范流程或模型的需要程度进行打分（   ）

    1   2   3   4   5

13. 请您就您企业目前采用的投资决策方法及决策流程的完备程度进行打分（   ）

    1   2   3   4   5

14. 请对以下阻碍贵公司做出更优投资决策的因素进行打分。

限制因素	限制程度				
	1	2	3	4	5
成本限制					
时间限制					
信息限制					
缺少可接受的决策工具/技术					
缺少掌握决策相关工具/技术的人才					

第三部分　中国 PPP 项目投资决策影响因素评估

15. 在确定是否投资某个 PPP 项目时，社会资本评估政府要求与能力主要考虑以下哪些因素，并对各因素的影响程度进行打分。

政府相关因素	影响程度				
	1	2	3	4	5
财政承受能力					
政府机构能力					
类似项目经验					
对社会资本的选择标准					
信息公开					
政府公信力					
产出要求					
付款政策及付款及时性					

16. 在确定是否投资某个 PPP 项目时，社会资本评估企业自身主要考虑以下哪些因素，并对各因素的影响程度进行打分。

投资人相关因素	影响程度				
	1	2	3	4	5
技术能力					
类似项目经验					
伙伴实力					
资源能力					
财务能力					
管理能力					
与银行的关系					
与政府的关系及沟通水平					
其他项目的可行性					
当前工作负荷					
项目对投资者的重要程度					

17. 在确定是否投资某个 PPP 项目时，社会资本评估项目特征主要考虑以下哪些因素，并对各因素的影响程度进行打分。（矩阵量表题）

项目相关因素	影响程度				
	1	2	3	4	5
项目类型					
项目规模					
项目合作期限					
项目区位					
项目技术壁垒					
项目复杂程度					
项目预期回报水平					
固定资产种类					
项目预期风险					
项目融资可获得性					
采购方式					
交易成本					

续表

项目相关因素	影响程度				
	1	2	3	4	5
招标文件购买价格、招标公告时效性					
优惠政策					
税收政策					

18. 在确定是否投资某个 PPP 项目时，社会资本评估外部环境主要考虑以下哪些因素，并对各因素的影响程度进行打分。（矩阵量表题）

环境相关因素	影响程度				
	1	2	3	4	5
政治形势					
经济形势					
市场情况					
潜在竞争程度					
相关法律框架完善程度					
社会认可程度					

19. 您认为除上述关键因素外，还存在哪些影响投资人对 PPP 项目做出投资决策的因素？请指出＿＿＿＿＿＿＿＿＿＿＿＿＿＿＿＿

参考文献

[1] Tiong R L. Comparative study of BOT projects [J]. Journal of Management in Engineering, 1990, 6 (1): 107-122.

[2] Adams J, Young A, Wu Z H. Public private partnerships in China: Public private partnerships in China [J]. International Journal of Public Sector Management, 2006, 19 (4/5): 384-396.

[3] Chan A, Lam P, Chan D, et al. Potential obstacles to successful implementation of public-private partnerships in Beijing and the Hong Kong special administrative region [J]. Journal of Management in Engineering, 2010, 26 (1): 30-40.

[4] HM Treasury. Regularity, Propriety and Value for Money [R]. 2004.

[5] Delmon J. Understanding options for public-private partnerships in infrastructure: sorting out the forest from the trees: BOT, DBFO, DCMF, concession, lease [R]. World Bank, 2010.

[6] Garvin M J, Bosso D. Assessing the effectiveness of infrastructure public-private partnership programs and projects [J]. Public Works Management Policy, 2008, 13 (2): 162-178.

[7] Treasury H. Private Finance Initiative and Private Finance 2 projects: 2016 summary data [R]. 2016.

[8] Victoria State Government. Partnerships Victoria-Excellence in public private partnerships [R]. 2017.

[9] World Bank. Private Participation in Infrastructure (PPI) Database [R]. 2019.

[10] 财政部政府和社会资本合作中心. PPP项目库信息公开 [EB/OL]. https://www.cpppc.org/.

[11] Grimsey D, Lewis M K. Evaluating the risks of public private partnerships for infrastructure projects [J]. International Journal of Project Management, 2002, 20 (2): 107-118.

[12] Zou P X, Zhang G, Wang J. Understanding the key risks in construction projects in China [J]. International Journal of Project Management, 2007, 25 (6): 601-614.

[13] ADB. Public-Private Partnerships Handbook [EB/OL]. https://www.adb.org/print/node/31484.

[14] EIB. The guide to guidance: How to prepare, procure and deliver PPP projects [S]. 2012.

[15] World Bank. Public-Private Partnerships reference guide v2.0 [S]. 2014.

[16] EIB. The guide to guidance: How to prepare, procure and deliver PPP projects [S]. 2012.

[17] Li B, Akintoye A, Ewards P. The allocation of risk in PPP/PFI construction projects in the UK [J]. International Journal of Project Management, 2005, 23 (1): 25-35.

[18] Ng A, Loosemore M. Risk allocation in the private provision of public infrastructure [J]. International Journal of Project Management, 2007, 25 (1): 66-76.

[19] Ameyaw E E, Chan A P. A fuzzy approach for the allocation of risks in public-private partnership water-infrastructure projects in developing countries [J]. Journal of Infrastructure Systems, 2016, 22 (3): 04016016.

[20] Medda F. A game theory approach for the allocation of risks in transport public private partnerships [J]. International Journal of Project Management, 2007, 25 (3): 213-218.

[21] Salman A F, Skibniewski M J, Basha I. BOT viability model for large-scale infrastructure projects [J]. Journal of Construction Engineering Management, 2007, 133 (1): 50-63.

[22] Aziz A, Russell A D. Generalized economic modeling for infrastructure and capital investment projects [J]. Journal of Infrastructure Systems, 2006, 12 (1): 18-32.

[23] Cruz C O, Marques R C. Theoretical considerations on quantitative PPP viability analysis [J]. Journal of Management in Engineering, 2014, 30 (1): 122-126.

[24] Soomro M A, Zhang X. Evaluation of the functions of public sector partners in transportation public-private partnerships failures [J]. Journal of Management in Engineering, 2016, 32 (1): 04015027.

[25] Shen L, Li H, Li Q. Alternative concession model for build operate transfer contract projects [J]. Journal of Construction Engineering Management, 2002, 128 (4): 326-330.

[26] Hanaoka S, Palapus H P. Reasonable concession period for build-operate-transfer road projects in the Philippines [J]. International Journal of Project Management, 2012, 30 (8): 938-949.

[27] Zhang X. Win-win concession period determination methodology [J]. Journal of Construction Engineering Management, 2009, 135 (6): 550-558.

[28] Song J, Song D, Zhang D. Modeling the concession period and subsidy for BOT waste-to-energy incineration projects [J]. Journal of Construction Engineering Management, 2015, 141 (10): 04015033.

[29] Ashuri B, Kashani H, Molenaar K. Risk-neutral pricing approach for evaluating BOT highway projects with government minimum revenue guarantee options [J]. Journal of Construction Engineering Management, 2012, 138 (4): 545-557.

[30] Cheah C Y, Liu J. Valuing governmental support in infrastructure projects as real options using Monte Carlo simulation [J]. Construction Management Economics, 2006, 24 (5): 545-554.

[31] Schaufelberger J E, Wipadapisut I. Alternate financing strategies for build-operate-transfer projects [J]. Journal of Construction Engineering Management, 2003, 129 (2): 205-213.

[32] Xu Y, Sun C, Skibniewski M J. System Dynamics (SD) -based concession pricing model for PPP highway projects [J]. International Journal of Project Management, 2012, 30 (2): 240-251.

[33] Subprasom K, Chen A. Effects of regulation on highway pricing and capacity choice of a build-operate-transfer scheme [J]. Journal of Construction Engineering Management, 2007, 133 (1): 64-71.

[34] Cruz C O, Marques R C. Flexible contracts to cope with uncertainty in public-private partnerships [J]. International Journal of Project Management, 2013, 31 (3): 473-483.

[35] Tserng H P, Russell J S, Hsu C W. Analyzing the role of national PPP units in promoting PPPs: Using new institutional economics and a case study [J]. Journal of Construction Engineering Management, 2012, 138 (2): 242-249.

[36] Zhang X. Concessionaire selection: methods and criteria [J]. Journal of Construction Engineering Management, 2004, 130 (2): 235−244.

[37] Zhang X. Criteria for selecting the private-sector partner in public-private partnerships [J]. Journal of Construction Engineering Management, 2005, 131 (6): 631−644.

[38] El-Mashaleh M S, Minchin R E. Concessionaire selection model based on data envelopment analysis [J]. Journal of Management in Engineering, 2014, 30 (4): 04014013.

[39] Ahadzi M, Bowles G. Public-private partnerships and contract negotiations: an empirical study [J]. Construction Management Economics, 2004, 22 (9): 967−978.

[40] Liou F, Yang C, Chen B, et al. Identifying the Pareto-front approximation for negotiations of BOT contracts with a multi-objective genetic algorithm [J]. Construction Management Economics, 2011, 29 (5): 535−548.

[41] Liu T, Wang Y, Wilkinson S. Identifying critical factors affecting the effectiveness and efficiency of tendering processes in Public-Private Partnerships (PPPs): A comparative analysis of Australia and China [J]. International Journal of Project Management, 2016, 34 (4): 701−716.

[42] Ho S P, Liu L Y. An option pricing-based model for evaluating the financial viability of privatized infrastructure projects [J]. Construction Management Economics, 2002, 20 (2): 143−156.

[43] Jeong J, Ji C, Hong T, et al. Model for evaluating the financial viability of the BOT project for highway service areas in South Korea [J]. Journal of Management in Engineering, 2016, 32 (2): 04015036.

[44] Zayed T M, Chang L M. Prototype model for build-operate-transfer risk assessment [J]. Journal of Management in Engineering, 2002, 18 (1): 7−16.

[45] Tiong R L, Alum J. Financial commitments for BOT projects [J]. International Journal of Project Management, 1997, 15 (2): 73−78.

[46] Wang S Q, Tiong R, Ting S, et al. Evaluation and competitive tendering of BOT power plant project in China [J]. Journal of Construction Engineering Management, 1998, 124 (4): 333−341.

[47] Singh L B, Kalidindi S N. Traffic revenue risk management through annuity model of PPP road projects in India [J]. International Journal of Project Management, 2006, 24 (7): 605−613.

[48] Loosemore M, Cheung E. Implementing systems thinking to manage risk in public private partnership projects [J]. International Journal of Project Management, 2015, 33 (6): 1325-1334.

[49] El-Gohary N M, Osman H, El-Diraby T E. Stakeholder management for public private partnerships [J]. International Journal of Project Management, 2006, 24 (7): 595-604.

[50] El-Gohary N M, Osman H, El-Diraby T E. Stakeholder management for public private partnerships [J]. International Journal of Project Management, 2006, 24 (7): 595-604.

[51] Wu J, Liu J X, Jin X H, et al. Government accountability within infrastructure public-private partnerships [J]. International Journal of Project Management, 2016, 34 (8): 1471-1478.

[52] Raisbeck P, Tang L C. Identifying design development factors in Australian PPP projects using an AHP framework [J]. Construction Management Economics, 2013, 31 (1): 20-39.

[53] Robinson H S, Scott J. Service delivery and performance monitoring in PFI/PPP projects [J]. Construction Management Economics, 2009, 27 (2): 181-197.

[54] Rajan T A, Gopinath G, Behera M. PPPs and project overruns: Evidence from road projects in India [J]. Journal of Construction Engineering Management, 2014, 140 (5): 04013070.

[55] Javed A A, Lam P T, Chan A P. Change negotiation in public-private partnership projects through output specifications: an experimental approach based on game theory [J]. Construction Management Economics, 2014, 32 (4): 323-348.

[56] Cruz C O, Marques R C. Exogenous determinants for renegotiating public infrastructure concessions: evidence from Portugal [J]. Journal of Construction Engineering Management, 2013, 139 (9): 1082-1090.

[57] Wang Y, Liu J. Evaluation of the excess revenue sharing ratio in PPP projects using principal-agent models [J]. International Journal of Project Management, 2015, 33 (6): 1317-1324.

[58] Yuan J F, Chan A P, Xiong W, et al. Perception of residual value risk in public private partnership projects: critical review [J]. Journal of Management in Engineering, 2015, 31 (3): 04014041.

[59] Abdul-Aziz A R. Unraveling of BOT scheme: Malaysia's Indah water

konsortium [J]. Journal of Construction Engineering Management, 2001, 127 (6): 457-460.

[60] Zhang S, Chan A P, Feng Y B, et al. Critical review on PPP Research-A search from the Chinese and International Journals [J]. International Journal of Project Management, 2016, 34 (4): 597-612.

[61] Zhang S, Chan A P, Feng Y B, et al. Critical review on PPP Research-A search from the Chinese and International Journals [J]. International Journal of Project Management, 2016, 34 (4): 597-612.

[62] Osei-Kyei R, Chan A P. Review of studies on the Critical Success Factors for Public-Private Partnership (PPP) projects from 1990 to 2013 [J]. International Journal of Project Management, 2015, 33 (6): 1335-1346.

[63] Cheng Z, Ke Y J, Lin J, et al. Spatio-temporal dynamics of public private partnership projects in China [J]. International Journal of Project Management, 2016, 34 (7): 1242-1251.

[64] Chen C. Can the pilot BOT Project provide a template for future projects? A case study of the Chengdu No. 6 Water Plant B Project [J]. International Journal of Project Management, 2009, 27 (6): 573-583.

[65] Zhang X, Kumaraswamy M M. BOT-based approaches to infrastructure development in China [J]. Journal of Infrastructure Systems, 2001, 7 (1): 18-25.

[66] Carrillo P, Robinson H, Foale P, et al. Participation, barriers, and opportunities in PFI: the United Kingdom experience [J]. Journal of Management in Engineering, 2008, 24 (3): 138-145.

[67] Wahdan M Y. An analysis framework for PPP, in Department of Civil Engineering [D]. Vancouver: The University of British Columbia, 1995.

[68] Zhang W, Wang S Q, Tiong R, et al. Risk management of Shanghai's privately financed Yan'an Donglu tunnels [J]. Engineering Construction Architectural Management, 1998, 5 (4): 399-409.

[69] Ke Y, Wang S Q, Chan A P. Risk allocation in public-private partnership infrastructure projects: comparative study [J]. Journal of Infrastructure Systems, 2010, 16 (4): 343-351.

[70] Ameyaw E E, Chan A P. Identifying public-private partnership (PPP) risks in managing water supply projects in Ghana [J]. Journal of Facilities Management, 2013, 11 (2): 152-182.

[71] Abd Karim N A. Risk allocation in public private partnership (PPP)

project: a review on risk factors [J]. International Journal of Sustainable Construction Engineering Technology, 2011, 2 (2): 8-16.

[72] Babatunde S O, Perera S, Zhou L, et al. Barriers to public private partnership projects in developing countries [J]. Engineering Construction and Architectural Management, 2015, 22 (6): 669-691.

[73] Wang S Q, Tiong L. Case study of government initiatives for PRC's BOT power plant project [J]. International Journal of Project Management, 2000, 13 (1): 69-78.

[74] Khalifa N, Essaouabi D. Public-private partnership: which strategy for the drinking water and sanitation sector in Morocco [J]. International Journal of Water Resources Development, 2003, 19 (2): 131-138.

[75] Jang W S, Lee D E, Choi J H. Identifying the strengths, weaknesses, opportunities and threats to TOT and divestiture business models in China's water market [J]. International Journal of Project Management, 2014, 32 (2): 298-314.

[76] Muller M. Public-private partnerships in water: A South African perspective on the global debate [J]. Journal of International Development, 2003, 15 (8): 1115-1125.

[77] Ameyaw E E, Chan A P. Identifying public private partnership (PPP) risks in managing water supply projects in Ghana [J]. Journal of Facilities Management, 2013, 11 (2): 152-182.

[78] Alonso-Conde A B, Brown C, Rojo-Suarez J. Public private partnerships: Incentives, risk transfer and real options [J]. Review of Financial Economics, 2007, 16 (4): 335-349.

[79] Bing L, Akintoye A, Ewards P J, et al. The allocation of risk in PPP/PFI construction projects in the UK [J]. International Journal of Project Management, 2005, 23 (1): 25-35.

[80] Hood J, Fraser I, Mcgarvey N. Transparency of risk and reward in U. K. public-private partnerships [J]. Public Budgeting & Finance, 2006, 26 (4): 40-58.

[81] Khadaroo I. The valuation of risk transfer in UK school public private partnership contracts [J]. The British Accounting Review, 2014, 46 (2): 154-165.

[82] Iossa E, Martimort D. Corruption in PPPs, incentives and contract incompleteness [J]. International Journal of Industrial Organization,

2016, 44: 85-100.

[83] 张珊. PPP 实践中民营企业参与度较低的原因分析——基于成都路桥 BOT 项目终止的案例分析 [EB/OL]. http://www.cnki.com.cn/Article/CJFDTotal-MISH201803068.htm.

[84] Delmon J. Understanding options for public-private partnerships in infrastructure Sorting out the forest from the trees: BOT, DBOF, DCMF, concession, lease [EB/OL]. https://elibrary.worldbank.org/doi/pdf/10.1596/1813-9450-5173.

[85] Yuan J, Chan A P, Xia B, et al. Cumulative effects on the change of residual value in PPP projects: A comparative case study [J]. Journal of Infrastructure Systems, 2016, 22 (2): 05015006.

[86] Yuan J, Chan A P, Xiong W, et al. Perception of residual value risk in public private partnership projects: Critical review [J]. Journal of Management in Engineering, 2015, 31 (3): 04014041.

[87] Abdul-Aziz A R. Unraveling of BOT scheme: Malaysia's Indah Water Konsortium [J]. Journal of Construction Engineering and Management, 2001, 127 (6): 457-460.

[88] World Bank. The APMG PPP Certification Program Guide [R]. 2016.

[89] World Bank. Public-Private Partnerships Reference Guide v2.0 [R]. 2014.

[90] 张春秀. 基于 WBS-RBS 的民机项目研制风险管理 [J]. 项目管理技术, 2014, 12 (4): 98-103.

[91] 周海旭, 江盼. 基于 RBS 的学校体育场地设施对外开放风险评估体系的构建 [J]. 体育研究与教育, 2019, 34 (3): 37-43.

[92] 张婧. PPP 模式在准经营性基础设施项目中的风险管理模型研究 [D]. 昆明: 昆明理工大学, 2007.

[93] Arndt H R. Risk allocation in the Melbourne city link project [J]. Journal of Project Finance, 1998, 4 (3): 11-24.

[94] Lin M C. Contract design of private infrastructure concessions [D]. California: University of California Berkeley, 2000.

[95] Hurst C, Reeves E. An economic analysis of Ireland's first public private partnership [J]. The International Journal of Public Sector Management, 2004, 17 (5): 379-388.

[96] Hood J, Mcgarvey N. Transparency of risk and reward in U.K. public-private partnerships [J]. Budgeting & Finance, 2006, 26 (4): 40-58.

[97] Iossa E, Martimort D. Corruption in PPPs, incentives and contract incompleteness [J]. International Journal of Industrial Organization, 2016, 44: 85-100.

[98] 梁彦红, 陈怀泽. PPP 项目中社会资本机会主义风险治理研究 [J]. 经济论坛, 2019 (3): 131-135.

[99] Saussier S. Transaction costs and contractual incompleteness: The case of Électricité de France [J]. Journal of Economic Behavior & Organization, 2000, 42 (2): 189-206.

[100] Luo Y Z, Liang F. An analysis of contractual incompleteness in construction exchanges [C]. // International Conference on Computer Sciences & Convergence Information Technology. IEEE, 2012.

[101] Guasch J L. Granting and renegotiating infrastructure concessions: doing it right [M]. The World Bank, 2004.

[102] Müller R, Turner J R, Andersen E S. Governance and ethics in temporary organizations: the mediating role of corporate governance [J]. Project Management Journal, 2016, 47 (6): 7-23.

[103] Samuelson P A. The pure theory of public expenditure [J]. Review of Economics & Statistics, 1954, 36 (4): 387-389.

[104] Smith J M, Price G R. The logic of animal conflict [J]. Nature, 1973, 246 (5427): 15-18.

[105] Ng A, Loosemore M. Risk allocation in the private provision of public infrastructure [J]. International Journal of Project Management, 2007, 25 (1): 66-76.

[106] Ameyaw E E, Chan A P. Risk allocation in public-private partnership water supply projects in Ghana [J]. Construction Management & Economics, 2015, 33 (3): 187-208.

[107] Chan A P, Yeung J F, Yu C C, et al. Empirical Study of Risk Assessment and Allocation of Public-Private Partnership Projects in China [J]. Journal of Management in Engineering, 2011, 27 (3): 136-148.

[108] Jin X H, Doloi H. Modeling risk allocation in privately financed infrastructure projects using fuzzy logic [J]. Computer-Aided Civil and Infrastructure Engineering, 2009, 24 (7): 509-524.

[109] Shrestha A, Aibinu A A, Chan T K, et al. Risks in PPP water projects in China: Perspective of Local Governments [J]. Journal of Construction Engineering & Management, 2017, 143 (7): 05017006.

[110] Xu Y, Yeung J, Chan A, et al. Developing a risk assessment model for PPP projects in China-A fuzzy synthetic evaluation approach [J]. Automation in Construction, 2010, 19 (7): 929–943.

[111] Abdul-Aziz A R. Unraveling of BOT scheme: Malaysia's indah water konsortium [J]. Journal of Construction Engineering and Management, 2001, 127 (6): 457–460.

[112] Rindfleisch A, Heide J B. Transaction cost analysis: Past, present, and future applications [J]. Journal of Marketing, 1997, 61 (4): 30–54.

[113] Williamson O E. The economics of organization: The transaction cost approach [J]. American Journal of Sociology, 1981, 87 (3): 548–577.

[114] World Bank. Private Participation in Infrastructure (PPI) Database [DB/OL]. http://ppi.worldbank.org/data.

[115] Love P E D, Holt G D, Li H. Triangulation in construction management research [J]. Engineering Construction and Architectural Management, 2002, 9 (4): 294–303.

[116] Climent C, Mula J, Hernández J E. Improving the business processes of a bank [J]. Business Process Management Journal, 2009, 15 (2): 201–224.

[117] Liu J, Love P, Davis P, et al. Conceptual Framework for the Performance Measurement of Public-Private Partnerships [J]. Journal of Infrastructure Systems, 2015, 2 (1): 04014023.

[118] Chen C. Can the pilot BOT project provide a template for future projects? A case study of the Chengdu No. 6 Water Plant B Project [J]. International Journal of Project Management, 2009, 27 (6): 573–583.

[119] 财政部. 关于发布政府和社会资本合作模式操作指南的通知（试行）[Z]. 2014.

[120] EIB. The guide to guidance: How to prepare, procure and deliver PPP projects [S]. 2012.

[121] Ke Y, Wang S, Chan A, et al. Research Trend of Public-Private Partnership in Construction Journals [J]. Journal of Construction Engineering and Management-Asce, 2009, 135 (10): 1076–1086.

[122] Guo H L, Li H, Skitmore M. Life-Cycle Management of Construction Projects Based on Virtual Prototyping Technology [J]. Journal of Management in Engineering, 2010, 26 (1): 41–47.

[123] Karhu V. A view-based approach for construction process modeling [J].

Computer-Aided Civil and Infrastructure Engineering,2003,18(4):275-285.

[124] Xu Y, Yeung J, Chan A, et al. Developing a risk assessment model for PPP projects in China-A fuzzy synthetic evaluation approach [J]. Automation in Construction, 2010, 19 (7): 929-943.

[125] Sanvido V E. Towards a process based information architecture for construction [J]. Civil Engineering and Environmental Systems, 1990, 7: 157.

[126] Chan W T, Chen C, Messner J. Interface management for China's build-operate-transfer projects [J]. Journal of Construction Engineering and Management, 2005, 131 (6): 645-655.

[127] Wang S Q, Tiong L K Case study of government initiatives for PRC's BOT power plant project [J]. International Journal of Project Management, 2000, 18 (1), 69-78.

[128] Bao F, Chan A, Chen C, et al. Review of public-private partnership literature from a project lifecycle perspective [J]. Journal of Infrastructure Systems, 2018, 24 (3): 04018008.

[129] Chan W, Chen C, Messner J, et al. Interface management for China's build-operate-transfer projects [J]. Journal of Construction Engineering and Management, 2005, 131 (6): 645-655.

[130] Chan A P C, Lam P, Wen Y, et al. Cross-sectional analysis of critical risk factors for PPP water projects in China [J]. Journal of Infrastructure Systems, 2015, 21 (1): 04014031.

[131] Ke Y, Wang S, Chan A P, et al. Preferred risk allocation in China's public-private partnership (PPP) projects [J]. International Journal of Project Management, 2010, 28 (5): 482-492.

[132] Ameyaw E E, Chan A P C. Risk allocation in public-private partnership water supply projects in Ghana [J]. Construction Management and Economics, 2015, 33 (3): 187-208.

[133] Roumboutsos A, Anagnostopoulos K. Public private partnership projects in Greece: Risk ranking and preferred risk allocation [J]. Construction Management and Economics, 2008, 26 (7): 751-763.

[134] Yuan J, Chan A P C, Xiong P, et al. Perception of residual value risk in public private partnership projects: critical review [J]. Journal of Management in Engineering, 2015, 31 (3): 04014041.

[135] Cheung E, Chan A P C. Risk factors of public-private partnership projects in China: Comparison between the water, power, and transportation sectors [J]. Journal of Urban Planning and Development, 2011, 137 (4): 409-415.

[136] Shrestha A, Chan T, Aibinu A, et al. Risks in PPP water projects in China: Perspective of local governments [J]. Journal of Construction Engineering and Management, 2017, 143 (7): 05017006.

[137] Wang S, Tiong R, Ting S, et al. Political risks: Analysis of key contract clauses in China's BOT project [J]. Journal of Construction Engineering and Management, 1999, 125 (3): 190-197.

[138] Zhang S, Gao Y, Feng Z, et al. PPP application in infrastructure development in China: Institutional analysis and implications [J]. International Journal of Project Management, 2015, 33 (3): 497-509.

[139] PMI. A Guide to the Project Management Body of Knowledge [Z]. 2013.

[140] Sanvido V, Grobler F, Parffit K, et al. Critical success factors for construction projects [J]. Journal of Construction Engineering and Management, 1992, 118 (1): 94-111.

[141] 林梅. 投资理论研究文献综述 [J]. 财经理论与实践, 2004, 25 (3): 58-61.

[142] 洪丹丹, 连艺菲. 关于企业投资决策的研究综述与展望 [J]. 科技和产业, 2010, 10 (3): 64-67.

[143] Gusfield J R. The Culture of Public Problems [D]. Chicago: The University of Chicago, 1981.

[144] Rowe A J, Mason R O. Managing with style: A guide to understanding, assessing, and improving decision making [C]. // Managing with style: a guide to understanding, assessing, and improving decision making, 1987.

[145] 卞华舵. 关于不确定性情境下决策理论的研究综述 [J]. 湖南社会科学, 2007 (5): 29-32.

[146] 卢长利, 唐元虎. 企业投资决策影响因素的嬗变 [J]. 河南大学学报（哲学社会科学版), 2003, 43 (2): 14-17.

[147] Enshassi A, Mohamed S, El Karriri A. Factors affecting investment decision making: Evidence from equity fund managers and individual investors in pakistan. [J]. Social Science Electronic Publishing, 2015, 6 (9), 2222-1697.

[148] Lifson M. Decision and risk analysis for construction management [M]. Hoboken: Wiley, 1982.

[149] King M. Problems in determining bidding strategies [J]. Journal of the Operational Research Society, 1985, 36 (10): 915-923.

[150] Ahmad I, Minkarah I. Questionnaire survey on bidding in construction [J]. Journal of Management in Engineering, 1988, 4 (3): 229-243.

[151] Couzens A, Skitmore M, Thorpe A. An executive support system for contract bidding decisions [J]. Management of Information Technology for Construction, 1993, 1 (1): 149-166.

[152] Chua D, Li D. Key factors in bid reasoning model [J]. Journal of Construction Engineering and Management, 2000, 126 (5): 349-357.

[153] Enshassi A, Mohamed S, Karriri A E. Factors affecting the bid/no bid decision in the Palestinian construction industry [J]. Journal of Financial Management of Property & Construction, 2010, 15 (2): 118-142.

[154] 王东波. 不确定条件下 BOT 项目特许期决策模型研究 [D]. 大连：大连理工大学, 2010.

[155] Wang H, Liu Y, Xiong W, et al. The moderating role of governance environment on the relationship between risk allocation and private investment in PPP markets: Evidence from developing countries [J]. International Journal of Project Management, 2019, 37 (1): 117-130.

[156] Baekgaard M. Prospect theory and public service outcomes: Examining risk preferences in relation to public sector reforms [J]. Public Adm, 2017, 95 (4), 927-942.

[157] Albalate D, Bel G, Geddes R R. Recovery risk and labor costs in public-private partnerships: contractual choice in the US water industry [J]. Local Government Studies, 2013, 39 (3), 332-351.

[158] Fayek A, Ghoshal I, Abourizk S. Survey of the bidding practices of Canadian civil engineering construction contractors [J]. Canadian Journal of Civil Engineering, 1999, 26 (1): 13-25.

[159] Wancus M, Boussabaine A, Lewis J. To bid or not to bid: A parametric solution [J]. Construction Management & Economics, 2000, 18 (4): 457-466.

[160] Wong E, Norman G, Flanagan R, et al. A fuzzy stochastic technique for project selection [J]. Construction Management & Economics, 2000, 18 (4): 407-414.

[161] Han S, Diekmann J. Approaches for making risk-based decision for international projects [J]. Journal of Construction Engineering and Management, 2001, 127 (4): 300-308.

[162] Dikmen I, Birgonul M, Gur A. A case-based decision support tool for bid mark-up estimation of international construction projects [J]. Automation in Construction, 2008, 17 (1): 30-44.

[163] Egemen M, Mohamed A. SCBMD: A knowledge-based system software for strategically correct bid/no bid and mark-up size decisions [J]. Automation in Construction, 2008, 17 (7): 864-872.

[164] 徐玖平, 李军. 多目标决策的理论与方法 [M]. 北京: 清华大学出版社, 2005.

[165] 岳超源. 决策理论与方法 [M]. 北京: 科学出版社, 2003.

[166] Chua D, Li D. Key factors in bid reasoning model [J]. Journal of Construction Engineering and Management, 2000, 126 (5): 349-357.

[167] Bagies A, Fortune C. Bid/no-bid decision modelling for construction projects [C]. //Procs 22nd Annual ARCOM Conference, 2006.

[168] Enshassi A, Mohamed S. A factors affecting the bid/no bid decision in the palestinian construction industry [J]. Journal of Financial Management of Property and Construction, 2010, 15 (2): 118-142.

[169] Ng S, Wong Y, Wong J. Factors influencing the success of PPP at feasibility stage: A tripartite comparison study in Hong Kong [J]. Habitat International, 2012, 36 (4): 423-432.

[170] Jarkas A M, Mubarak S, Kadri C. Critical factors determining bid/no bid decisions of contractors in Qatar [J]. Journal of Management in Engineering, 2013, 30 (4): 05014007.

[171] 张水波, 郭富仙. 基于风险视角的国际 PPP 项目投标决策模型研究 [J]. 工程管理学报, 2013 (5): 59-63.

[172] Polat G, Bingol B, Uysalol E. Modeling bid/no bid decision using adaptive neuro fuzzy inference system (ANFIS): A case study [C] // Construction Research Congress, 2014.

[173] Liu T, Wang Y, Wilkinson S. Identifying critical factors affecting the effectiveness and efficiency of tendering processes in public-private partnerships (PPPs): A comparative analysis of Australia and China [J]. International Journal of Project Management, 2016, 34 (4): 701-716.

[174] Shokri-Ghasabeh M, Chileshe N. Critical factors influencing the bid/no

bid decision in the Australian construction industry [J]. Construction Innovation, 2016, 16 (2): 127-157.

[175] Shi S, Chong H, Liu L, et al. Examining the interrelationship among critical success factors of public private partnership infrastructure projects [J]. Sustainability, 2016, 8 (12): 1313.

[176] Ameyaw E, Chan A, Owusu-Manu D. A survey of critical success factors for attracting private sector participation in water supply projects in developing countries [J]. Journal of Facilities Management, 2017, 15 (1): 35-61.

[177] Chan A, Lam P, Wen Y, et al. Cross-sectional analysis of critical risk factors for PPP water projects in China [J]. Journal of Infrastructure Systems, 2015, 21 (1): 04014031.

[178] Fugar F D, Agyakwah-Baah A B. Delays in building construction projects in ghana [J]. Australasian Journal of Construction Economics & Building, 2010, 10 (1/2): 103-116.

[179] 程鸿群, 余红伟, 叶子菀. 项目组合管理能力评价 [J]. 同济大学学报 (自然科学版), 2012, 40 (1): 148-153.

[180] 唐振鹏, 黄杰. 企业项目投资决策方法及其最新发展 [J]. 科技管理研究, 2003, 23 (1): 16-20.

[181] 郭金玉, 张忠彬, 孙庆云. 层次分析法的研究与应用 [J]. 中国安全科学学报, 2008, 18 (5): 148-153.

[182] Bellmann R E. Decision making in a fuzzy environment [J]. Management Science, 1970, 17 (4): 141-164.

[183] 姚敏, 黄燕君. 模糊决策方法研究 [J]. 系统工程理论与实践, 1999, 19 (11): 61-64.

[184] 朱松岭, 周平, 韩毅. 基于模糊层次分析法的风险量化研究 [J]. 计算机集成制造系统, 2004, 10 (8): 980-984.

[185] Chang D Y. Applications of the extent analysis method on fuzzy AHP [J]. European Journal of Operational Research, 1996, 95 (3): 649-655.